新媒体背景下文化创意产品的设计与传播

孟宪喆 著

北京工业大学出版社

图书在版编目（CIP）数据

新媒体背景下文化创意产品的设计与传播 / 孟宪喆著. — 北京 : 北京工业大学出版社，2021.4
ISBN 978-7-5639-7948-6

Ⅰ. ①新… Ⅱ. ①孟… Ⅲ. ①文化产品－产品设计②文化产品－文化传播 Ⅳ. ①G114

中国版本图书馆 CIP 数据核字（2021）第 081851 号

新媒体背景下文化创意产品的设计与传播

XINMEITI BEIJING XIA WENHUA CHUANGYI CHANPIN DE SHEJI YU CHUANBO

著　　者： 孟宪喆
责任编辑： 郭志霄
封面设计： 知更壹点
出版发行： 北京工业大学出版社
（北京市朝阳区平乐园 100 号　邮编：100124）
010-67391722（传真）　bgdcbs@sina.com
经销单位： 全国各地新华书店
承印单位： 天津和萱印刷有限公司
开　　本： 710 毫米 ×1000 毫米　1/16
印　　张： 10
字　　数： 200 千字
版　　次： 2022 年 1 月第 1 版
印　　次： 2022 年 1 月第 1 次印刷
标准书号： ISBN 978-7-5639-7948-6
定　　价： 68.00 元

（如发现印装质量问题，请寄本社发行部调换 010-67391106）

前　言

文化创意产品是现代社会全球化的标志性产品，也是知识经济的核心内容。文化创意产品不仅能够对一个国家的经济、政治产生影响，它还是一个民族，乃至一个国家的文化意蕴的体现。在当前社会中，文化创意产品已经出现了国际性企业和跨国生产，其已然成为全球经济增长的重要部分。

伴随着时代的进步、科技的发展，当今世界已经迈入新媒体时代。在如今以数字信息为主体传播媒介的信息化世界中，人们获取信息的方式已经发生了翻天覆地的变化。信息的载体不再只是纸媒与电视，现在信息的传播更是依托于网络传播等方式。也正是由于现在的新媒体背景，文化创意产品以及文化创意产业迎来新的生机。在信息传播速度飞快的时代，文化与文化之间、创意与创意之间产生了更多的碰撞，也进行了更深入的交流，这意味着文化创意产品的发展进入了崭新的阶段。

本书共分为七章。第一章是文化创意产品概述，分别从文化创意产品的基本知识、文化创意产品的基本特征以及文化创意产品的核心等方面进行了阐述。第二章是文化创意产品的分类，分别对传统文化、博物馆、知识产权引导以及文旅融合的文化创意产品进行了研究与分析。第三章是文化创意产品的定位、设计原则与方法，分别阐述了文化创意产品的定位、设计原则、设计方法等方面的内容。第四章是文化创意产品的设计流程，分别对文化创意产品项目的调研、文化创意产品的受众分析和定位以及文化创意产品的设计流程与管理等方面进行了阐述。第五章是文化创意产业与文化创意产品的传播，阐述了文化创意产业与文化创意产品、文化创意产业的传播与创新两方面内容。第六章是新媒体背景下文化创意产品的传播媒介，论述了新媒体时代营销传播的特征，并分别对文化创意产品的媒介传播、影视媒介传播、博物馆媒介传播、纸媒介传播、网络媒介传播进行了研究和论述。第七章是新媒体背景下文化创意产业的发展路径，分别对新媒体背景下文化创意产业的发展、新媒体形式在文化创意产品中的应用方法以及新媒体背景下文化创意产品的传播——以故宫博物院文化创意产品为例进行了研究与阐述。

在撰写本书的过程中，笔者参考了大量的相关学术文献，并得到了许多专家学者的帮助，在此表示真诚的感谢。因笔者水平有限，书中难免有疏漏之处，希望读者及时指正。

目录

第一章　文化创意产品概述

文化创意产品在满足大众日益提高的精神文化需求的同时，对现代文化的创新、对传统文化的传承与发展也起到了相当重要的作用。通过文化创意产品对传统文化的创新与发展，传统文化的受众面将逐步扩大，文化创意产品将带领地域传统文化打破地域限制，带着民族传统文化走向世界。本章将逐一对文化创意产品的基本知识、文化创意产品的基本特征以及文化创意产品的核心进行阐述。

第一节　文化创意产品的基本知识

一、文化创意产品概述

（一）什么是文化创意产品

文化创意产品是指文化创意工作者将自己的原创创意具象化并进行生产，从而获得利润的商品，也可以指文化创意工作者以某种文化为原型，对这种文化进行创新，将这种文化推向现代化市场，为大众所接受。

在现代文化创新方面，文化创意产品是时代潮流的产物，紧跟消费者的需求变化，因此将传统文化以文化创意产品的形式推向大众，不仅有助于增强优秀传统文化的生命力，而且能够推动整个社会文化创意产业的发展。在传统文化传承方面，文化创意产品将传统文化进行传承、创新、发展与展示，有利于加速我国文化输出，成就我国文化大国的梦想。

日本的文化创意产品具有“动漫”和“爆品”的特点。日本的文化创意产品受到大众的喜爱，关键的因素在于日本文化创意工作者以其严谨的工匠精神，代表了文化与技术的传承，将文化、创意及科技完美地融入日常的生活用品中去，形成了一件又一件让大众趋之若鹜的“爆品”。

韩国的文化创意产业发展得益于内需市场的拉动和外部“韩流”的持续扩散，以及行业积淀、政府支持。韩国本国文化市场有限，所以韩国政府非常重视海外市场的开拓，再加上韩国发达的信息技术和基础设施，为文化创意产业的发展奠定了扎实的基础。

（二）文化创意产品的设计点

现在的文化创意产品从设计方面划分，可以简单分为原创产品、半原创产品、贴图产品等。原创产品是指完全自创的产品，即从创意产生到成品完成都是“新”的概念的产品。半原创产品是指借鉴一些素材，或者在某种元素的基础上进行二次创作产生的产品。贴图产品顾名思义就是以现有产品为载体，贴上装饰图案。贴图产品中的装饰图案分为原创部分和拿来部分，拿来部分很容易产生版权纠纷等问题。一个优秀的原创文化创意产品，其元素、色彩、造型都是不可或缺的要素。

1. 文化元素的提取和运用

文化创意产品的设计首先要对文化进行解读，再提取所需要的元素，这就要求设计者有一定的文化涵养，能对文化元素进行准确理解，在设计产品时将提取出来的元素巧妙地融入产品设计中。在对文化元素进行提取前，设计者需要对该文化涵盖的资料进行详细、全面地收集与整理，使提炼出来的文化元素能真正诠释该文化的内涵，并且能巧妙运用到产品设计中，与产品功能贴合，不影响产品正常使用或产生违和感。

2. 色彩的运用

在文化元素的色彩运用方面，设计者可以直接提取文化元素原有的色彩，也可以根据社会流行趋势对色彩进行提纯，或者进行色彩搭配、重组。如羌族的代表色为白、黑、红、蓝四色，在设计产品时可对羌族传统色彩进行提纯处理，或者根据产品的性质以及使用习惯，对此四色进行重组搭配，创新传统色彩搭配方式。除此之外，传统文化元素色彩可根据当下流行趋势，在产品设计中加以考虑与研究。

3. 造型的运用

文化创意产品的造型、包装设计可以从传统文化元素中汲取线条，对线条进行提炼简化，或者进行一定程度的变形。根据产品功能并结合区域文化元素进行造型设计，使设计出的文化创意产品兼具实用性和区域文化特色。

（三）文化创意产品的价值

文化创意产品的价值可以从使用价值、纪念价值、传播价值等方面体现。以使用价值为例，抽纸是大众日常生活的必备品，中顺洁柔纸业股份有限公司对一包抽纸中第一张纸的损坏问题进行了关注并寻求解决办法。设计者对产品设计进行了研究，对设计细节进行了改造，重新设计了包装的开口部分，不仅解决了普通包装打开时易损坏第一张纸的问题，也提升了用户的使用体验。

对文化创意产品的纪念价值的开发还体现在文化内涵方面的挖掘上。以旅游区为例，将各个地域的文化元素与其对应地区的艺术风格进行融合作为文化创意内容，将一个方便的、易携带的物品作为载体，把这个载体与文化内容进行结合，以特殊的工艺效果作为文化创意内容与产品载体的结合方式，就产生了能代表区域文化特色的文化创意产品。

文化创意产品的传播价值在于紧跟时代的发展步伐，避免陈旧与低创等情况出现。陈旧的文化创意产品只是披了一个创新的外壳，内里还是一成不变的复制、粘贴得来；而低创的文化创意产品则是对产品的简单拼接，形成“创意产物”。这两类文化创意产品的传播价值都很小，并且不利于文化创意产品市场的健康发展。所以，在文化创意产品的传播方面，虽然文化创意工作者要不断地推陈出新，但是绝不能为了抢占市场而随意地出新，应该创作好每一个文化创意产品，让文化创意产品的传播价值得到最大限度的体现。

（四）文化创意产品的作用

1. 有利于加快文化创意产业的发展

文化创意产品与现代潮流的关系相当紧密，甚至有的优秀文化创意产品走在了潮流前沿，引领潮流发展。因此，文化创意产品的质量、种类、受众面等都能反映出文化创意产业的发展状况，也能反映出大众精神文化的需求状况。根据文化创意产品带来的反馈，文化创意工作者应及时掌握大众需求，及时更新产品并推向市场，保持文化创意产业的发展活力。

我国文化创意产品的重复率反映了文化创意产业内对创意的保护程度，以及文化创意工作者保护自己创意的意识等方面。文化创意产品的多样化发展则说明了我国文化创意产业充满发展活力，具有发展前景。

2. 有利于市场对个性化需求的满足

人们日益增长的文化需求对市场上的文化创意产品要求也越来越高，人们不再满足于单一的、普遍的大众文化创意产品，而是转向具有独特内涵的个性化产品。文化创意产品的“创意”就是对消费者求新、求异需求的满足。

随着“80后”“90后”成为消费主体，他们的购买力在社会上的占比越来越大，文化创意产品消费人群对产品的偏好也在逐渐改变。“80后”“90后”思维活跃，喜欢追求流行事物，对新事物的接受度较强，这为文化创意产品提供了很好的发展基础。文化创意产品处在不断创新探索的过程中。文化创意工作者收集、整理消费者信息，不断对文化创意产品进行新的设计，再投入市场，为消费者提供称心合意的商品，促进文化创意市场蓬勃发展，形成良性循环。

3. 有利于文化输出

我国的文化历史悠久，且独树一帜。我国作为文化强国，文化输出有利于我国文化走向世界，可使我国文化被世界各国人民所熟知，吸引更多人主动了解、学习中国文化。世界闻名的孔子学院便是我国文化输出的成功案例。

孔子学院最重要的一项工作就是给世界各地的汉语学习者提供规范、权威的现代汉语教材和提供最正规、最专业的汉语教学。2004年，第一所孔子学院在韩国首尔设立。截至2019年12月，中国已在162个国家和地区建立了550所孔子学院和1172个中小学孔子课堂。

作为一个非营利性机构，孔子学院的宗旨是增进世界人民对中国语言和中国文化的了解，发展中国与其他国家的友好关系，促进世界文化多元化发展，为构建和谐世界贡献力量。孔子学院秉承孔子“和为贵”“和而不同”的理念，将我国语言文化推向世界，展示了我国对构建和平世界的愿望。

虽然孔子学院对我国汉语言文化走向世界做出了巨大贡献，但是目前我国文化的输出途径还比较单一，很多优秀作品还没有走出国门，只在国内受到部分关注。因此，目前我国文化创意工作者不仅要满足我国民众的精神文化需求，还应该关注国际对文化创意产品的需求情况，促使我国优秀文化以文化创意产品的形式走出国门。

4. 有利于文化的传承与创新

文化创意产品的“文化”部分可以融入传统文化，将我国优秀传统文化元素与文化创意产品进行融合创新，利用文化创意产品受众广的优势，推动优秀传统文化进入市场，以吸引民众关注。

例如，“茶木——三国皮影”文化创意产品设计（如图1-1-1和图1-1-2所示），展现了“茶烟一缕轻轻扬，搅动兰膏四座香”的茶文化。此产品插画以三国文化为基点，刻画了貂蝉与吕布以及周瑜与小乔的故事。其中的人物形象以皮影造型为基础，构成了独特的表现形式。此产品既展现了独特的文化内涵又兼具了现代的时尚气息，使消费者可以在茶叶的沉淀中细细品味古代人的岁月足迹。

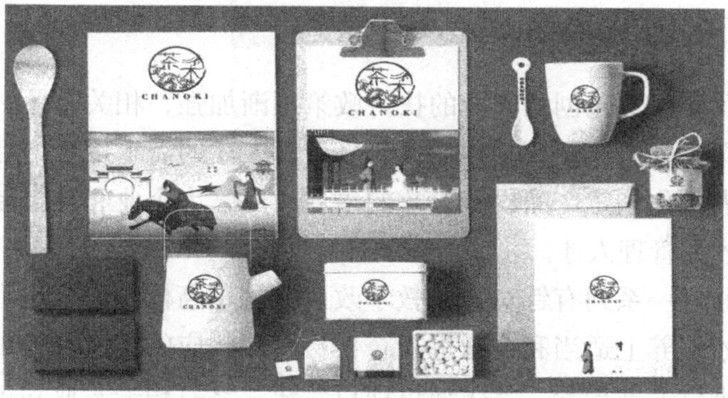

图 1-1-1 茶木——三国皮影（1）

图 1-1-2 茶木——三国皮影（2）

通过文化创意产品对传统文化的创新发展，将传统文化的受众面扩大，带着地域传统文化走出了地域限制，带着民族传统文化走向了世界。

二、文化创意产品政策引导简述

自文化创意产业发展以来，国家为文化机构及相关从业人员提供了大量的扶持政策，为文化创意产业的蓬勃发展提供了良好的政策环境。

2007 年，财政部、宣传部、文化部、国家广播电视总局、新闻出版总署联合印发了《关于在文化体制改革中加强国有文化资产管理的通知》，明确了财政部门对国有文化资产的监管职责，同时明确了党委宣传部门、文化行政主管部门的相应职责，强调完善部门间的协调机制，加强国有文化资产监管，实现管人、管事、管资产全面结合。

在保护文化遗产方面，各部门支持实施了一系列旨在保护中华优秀传统文化的重点项目，如国家重点文物保护、大遗址保护、文物普查、非物质文化遗产保护、古籍保护等。

三、文化创意产品设计人才储备

目前，我国对文化创意产业的扶持政策逐渐加强，相关企业、行业的发展日趋完善。文化创意产业对文化创意产品设计人才的需求逐步增加，因此高校需进一步加大文化创意产品设计人才的培养力度，为企业和社会储备文化创意产品设计人才和管理人才。

高校可通过一系列有针对性的教学改革，利用高校学生要达到就业能力的需求，在人才培养上适当和企业进行合作，组建相应的团队，让项目进课堂，有针对性地进行人才培养。学生通过项目合作，学习相关专业知识，了解市场需求，完成从毕业到就业的对接，日后更易于进入相关行业中从事文化创意产品设计工作。高校在教学过程中，通过引进项目，校、政、企合作，针对就业目标对学生进行培养，为学生的就业提供更合适的途径，为国家和企业储备更合适的文化创意产品设计人才，这将会使我国的文化创意产业发展更为迅速，让我国的文化创意产业在国际上拥有更加突出的地位。

第二节　文化创意产品的基本特征

文化创意产品的“体验价值”要求其不仅需要满足消费者物质层面的需求，更重要的是满足消费者心理和精神层面的需求。文化创意产品在具备普通商品一般特征的同时，还应该具有区别于一般商品的特征，如文化性与艺术性、地域性与民族性、纪念性与实用性、经济性与时代性等。

一、文化性与艺术性

（一）文化性

创意产业具有很强的人文性。创意产业是通过创造性思维激活文化、激活情感、激活概念所产生的创新性理念，可为产品注入新思想、新文化、新情感、新概念、新时尚，在很大程度上提高产品的文化附加值，使其带来可观的经济效益。

文化创意产品中的文化性是通过文化创意产品显现民族传统、时代特色、社会风尚、企业或团体理念等精神信息。文化性是文化创意产品的核心内容，消费者对于文化创意产品的消费，从某种意义上来说不仅仅是为了其实用性，更多的是为了买一种生活方式，是一种由文化带来的情感溢价。在体验经济时代，文化创意产品背后承载的应该是一种独特的文化和故事，凝结着独特的精神价值和社会内涵，需要体现文化渊源和消费者独特的价值追求。文化创意产品注重文化的创新，文化的创新并不意味着一定要和传统的文化相结合，也可以是多元文化的创造性组合。同时，文化创意产品对文化的传承与创新，应当尊重文化本身的“精神内核”，切忌捏造和篡改文化。如平遥古城地图文化创意产品（如图 1-2-1 所示），做到的不仅仅是与古城地图形态的契合，还运用古人“以龟建城”的理念，传达吉祥、安康、坚强和永固的美好寓意。

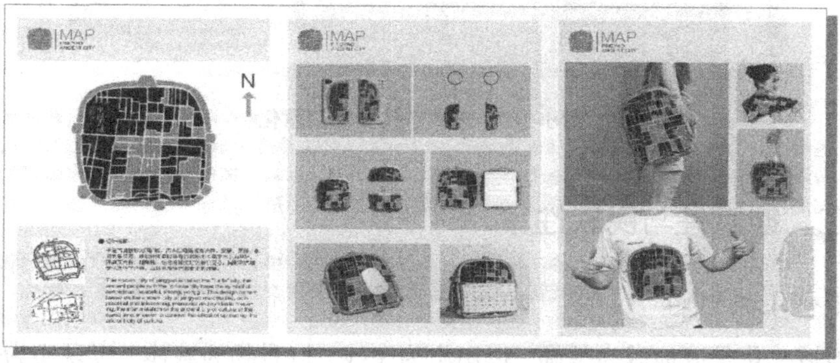

图 1-2-1　平遥古城地图文化创意产品

（二）艺术性

艺术性是指在结合设计条件、材料、环境进行设计活动时，设计者应对设计的审美规律有所参照，设计作品应对设计审美要素有所展现。文化创意产品应具有艺术价值，凝结着受众群体的审美特征，具有艺术欣赏的特性。艺术欣赏应包括文化创意产品外在形态和内在精神的欣赏，内外结合的美才能给受众群体带来愉悦的感受，同时唤起人们的生活情趣和价值体验，使文化创意产品与人沟通、与生活沟通。

因此，设计者在进行文化创意产品设计的时候，应当充分熟悉材质、工艺和形式所能表现出来的特性，同时结合文化习俗、风土人情、神话传说、生活方式等，设计出外在形态符合当代的审美需求，内在故事能使消费者有所回味的产品，从不同角度体现出产品独特的艺术审美价值（如图 1-2-2 所示）。

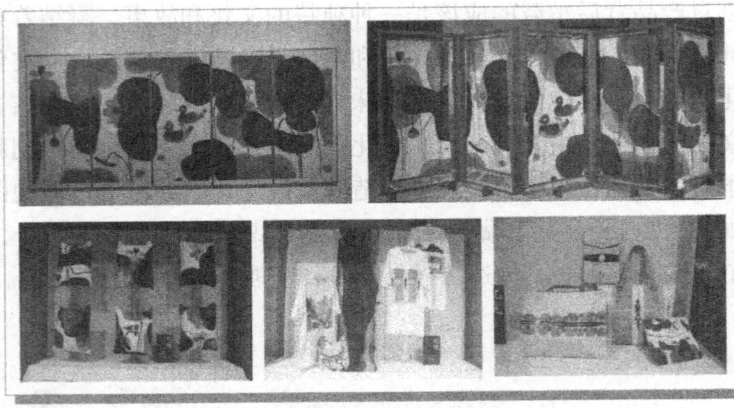

图 1-2-2　艺术作品文化创意化

二、地域性与民族性

（一）地域性

地域文化是以地域为基础，以历史为主线，以景物为载体，以现实为表象，在社会进程中发挥作用的人文精神活动的总称。地域文化反映着这一地区社会、民族的经济、政治、宗教等文化形态，蕴含着民族的哲学、艺术、宗教、风俗以及整个价值体系的起源。所谓地域性设计是依据地域特点而进行的设计，主要包括基于地域环境的适应性设计和基于文化资源的传承性设计两个方面，其实质是一种生态性设计。

不同的地域必然有不同的文化空间，所呈现的文化环境也不同。如在中国，长江流域的文化与黄河流域的文化不同，但它们同属于华夏文明；荆楚文化与赣皖文化不同，但它们同属于长江流域的文化；而荆楚文化又可以细分为屈原文化、三国文化等。地域性设计的基本设计方法是提取传统文化中符号模式及功能模式应用于现代设计之中，以满足本地域文化共同体的审美心理认同，同时形成其他地区人们文化审美心理的差异感。

文化创意产品的设计应概括出文化的共性和个性，突出文化的个性，反映特定地域的自然风貌和风土人情。当今文化创意产品对文化的阐释多流于表面，不能够深入地挖掘文化内涵，这也是导致文化同质化现象严重的原因之一。吉林省吉林市缸窑镇在清代是东北陶瓷的较大产地之一，有“缸都”“陶都”之称。文化创意产品“独钓寒江雪”以当地特产吉林钦瓷为原材料，纹饰则用“夜看雾，晨看挂，待到近午赏落花”来表现吉林雾凇因时间变化之美（如图 1-2-3 所示）。

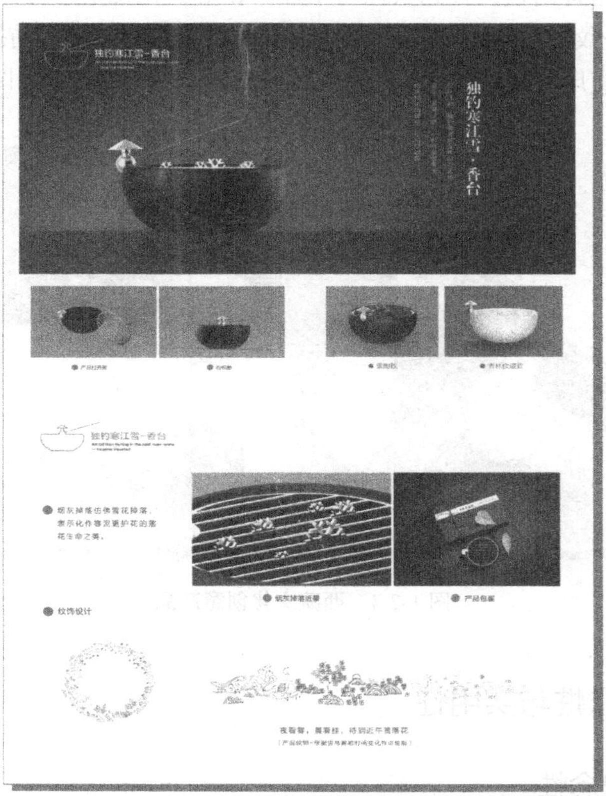

图 1-2-3　独钓寒江雪

（二）民族性

民族指的是一群人在文化、语言、历史或宗教等方面与其他人群在客观上有所区分。一般来说，一个民族在历史渊源、生产方式、语言、文化、风俗习惯以及心理认同等方面具有共同特征。“民族的才是世界的”，在艺术风格上越具有民族性就越具有世界性。同时，民族文化的独特性才能保持文化的多样化，如湘西的土家织锦、贵州的彝族漆器、西藏的唐卡等，各具特色、争奇斗艳。

艺术由人创造，而人不能离开民族而存在，尤其是离不开本土文化，即民族性。以“鱼”为例，中西方对鱼的理解存在巨大差异，鱼在中国有着美好的象征，当设计作品中出现鱼时，中国人自然就会联想到这个抽象符号所连带的一些特殊意义。

不同的民族所表达的文化特性不同，设计师在设计产品之前，应该着重抓住民族文化的精神内核，找到共性与个性。在对文化元素进行提取时，设计师应对民俗故事、纹饰、器物等进行分类梳理，在尊重民族习惯的前提下进行挖掘，设计出具有民族风情的产品，以更好地弘扬和传承民族文化（如图 1-2-4 所示）。

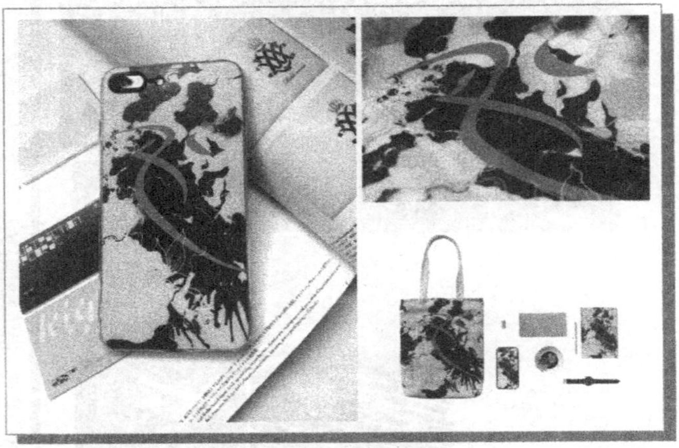

图 1-2-4　西藏文化创意产品

三、纪念性与实用性

（一）纪念性

纪念性是文化创意产品对情感和记忆的承载。纪念是人们在现实生活中的一种感知方式，并以这样的方式不断丰富个人和集体的文化意向，进一步形成丰富多样的人类文明。纪念性要求文化创意产品除了给人们带来审美愉悦之外，更重要的是帮助人们回顾历史，以更了解自身以及周边的世界。纪念性强调人们与被纪念事物之间的关联性，而文化创意产品是将纪念性的意义投射到产品上以唤醒人们的某种记忆。

在进行纪念性文化创意产品设计的时候，可采用象征的手法。象征是以形象代表概念，运用象征的手法可以阐明与形象相关联的意义。最典型的象征手法有数目象征（如生日、革命纪念日等）、视觉象征（如品牌形象、纹饰等）、场所体验（如诗词意境、建筑等）。在旅游纪念品文化创意产品设计中，设计师将长城的瞭望台造型和 U 盘的外形进行关联，巧妙运用瞭望孔的弧线结构塑造 U 盘外侧的拼接口，形成一套可组合 U 盘设计。同时每个 U 盘既可单独使用，也可被拼接成完整的瞭望台造型。产品的包装盒既是外包装也是基座，四周有与 U 盘配套的插孔，方便使用，不易丢失，具有较强的实用性与纪念价值（如图 1-2-5 所示）。

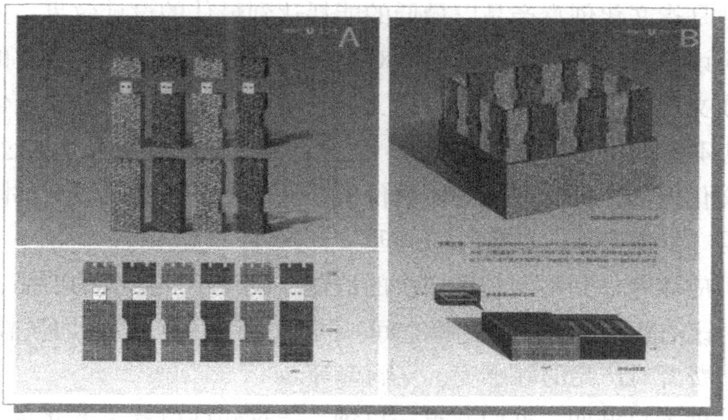

图 1-2-5　旅游纪念品 U 盘

（二）实用性

在设计发展水平相对较高的国家，实用性设计似乎不那么重要，人们更在意审美和艺术的趣味性。而在中国，我们可以明显感知到的是，传统手工艺者似乎更受资本市场和政府的青睐，这在很大程度上是因其可直接生产具有实用价值的产品。鉴于中国国情，消费者在选择购买产品时更倾向于购买具有实用价值的产品。文化创意产品的实用性虽然不是必要选项，但应是设计者的重点考量维度（如图 1-2-6 所示）。

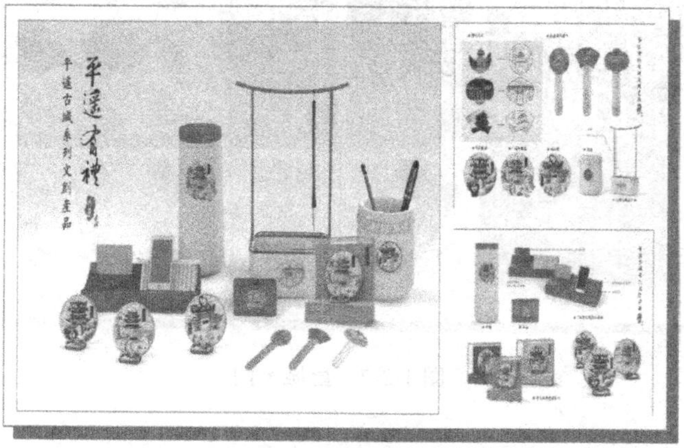

图 1-2-6　平遥有礼

四、经济性与时代性

（一）经济性

经济性是指文化创意产品以最低的能耗达到最佳的设计效果，文化创意产品的设计应该具有较高的性价比，针对消费者群体特征而设定合适的价格。在旅游景点或文博单位，我们常常看到文物复制品或手工艺产品缺乏创新性却价格虚高，让不少消费者"望物兴叹"。文化创意产品的优势在于通过创意设计，赋予产品文化内涵，提升产品的体验价值，从而使产品具有较高的附加值，让消费者觉得"价格合理，贵有贵的道理"。

设计师应该考虑到不同消费层次的群体，设计不同层次的产品，高中低档均有涉猎，让消费者有更多的选择空间。同时，相关部门应该加强监管和引导，从而提升消费者对产品的好感度、复购率等。

"里九外七皇城四，九门八点一口钟。"这句话概括了老北京皇城根儿的城市规划。虽然大多数城门已不复存在，许多地方也不再是当年的风貌，但北京依然沿用着这些古老的地名作为这个城市的名片，向世人展示着北京悠久的历史。文化创意产品"皇城·门"（如图 1-2-7 所示）用一系列的明信片以清朝时期的老地图向人们悉数展现那些带有历史感的地名。纸品设计成本低，是比较好的文化传承的品类载体，也可以做得很有创意。

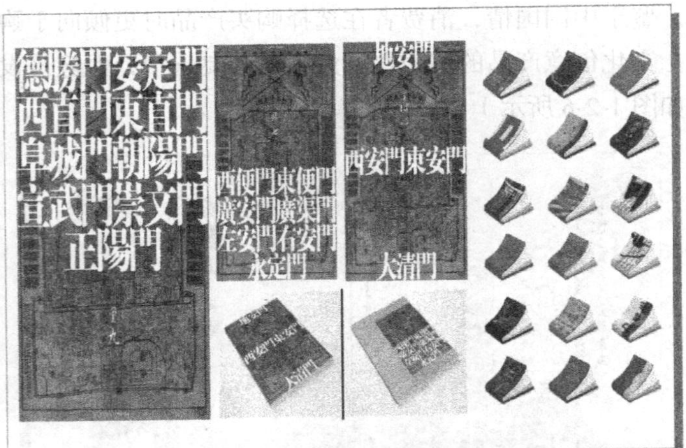

图 1-2-7　皇城·门

（二）时代性

艺术是人类生活中的重要组成部分。它可以培养人的认知能力、创造能力以及审美能力。文化创意产品设计应当在兼具文化性的同时体现当代人的审美需求，与当代人沟通，从而使文化不与时代脱节。时代性的对立面则是因循守旧，我国的部分手工艺品或者民俗非物质文化遗产传承难以维系，很大一部分原因是不能够适应时代潮流，与当下生活方式结合不够紧密。

随着中国传统文化全面复兴，我国出现了一大批“古老”而又年轻的电视专栏节目，如《国家宝藏》《如果国宝会说话》等弘扬中国传统文化的节目广受好评。这些节目成功的很大一部分原因就是注重与年轻人的沟通和互动。中国的文化创意品牌要“走出去”，必须尊重中国的本土文化，同时要符合国际审美。国际知名华人设计师刘传凯设计的“上海世博会城市旅游纪念品——微风”，将上海的地标以中国特有的折扇形式表现出来，采用了中国传统香木扇的拉花、烫花、雕花等制作工艺，极具时代性和纪念意义（如图 1-2-8 所示）。

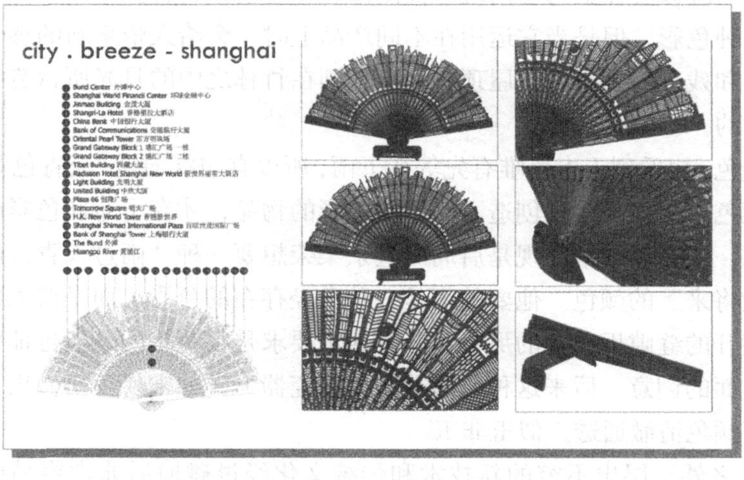

图 1-2-8　上海世博会城市旅游纪念品——微风

第三节　文化创意产品的核心

同样是以故宫文化中的元素设计的产品，十多年前为何没能吸引消费者的注意力，如今却深受年轻人的喜爱，真正成为传达故宫文化的有效载体？为什么现在不单单是年轻人，几乎男女老少都喜欢故宫博物院的文化创意产品？

这是因为创意。故宫文化创意真正地把创意融进了文化创意产品之中，而不仅仅是复制。故宫博物院有约180万件（套）文物藏品，包含着大量的历史信息，是工匠精神的体现，同时也是故宫文化创意产品的创意来源。故宫的文化元素触手可及，但是如果没有好的创意，或者说对故宫文化进行的重构和再造没能以一个好的想法、好的形式呈现，设计便失去了新意和吸引力。

创意究竟是什么？创意是对传统的叛逆，是打破常规的哲学，是破旧立新，是思维碰撞后得出的创造性的想法，是不同于寻常的解决方法。我们常会说，怎么都想不出一个创意。创意的方法是否有章可循？虽然创意不能按照特定流程得出，但是可以从产品本身的属性方面着手，如产品的手感、颜色、使用方式等。常常拿在手上的物品很讲究手感，如与饮食相关的器皿等。另外，中国的传统色彩光听名字就可以感受其内在的风雅，古人的创意令人赞叹。下面我们选几种颜色来分析一下。

竹月，这个颜色的名称带给人们的是清冷的感受。人们在读到“竹月”这两个字时，应该会在脑海中出现一幅画面——月色照竹林。对于很多人来说，这就是一种色彩，但是当它运用在不同产品上时，会给人带来新的感受，毕竟满月的光和残月的光，洒在屋顶的瓦上和洒在竹林之中的月光所营造的意境还是有区别的。

天青色，想看到天青色唯有先等待下雨，所以有句歌词是“天青色等烟雨”。中国传统色彩往往都是先创造了有着新色彩的物品，才有了对此色彩的命名和后续使用。天青色最早出现是后周周世宗柴荣想要一种“雨过天青云破处，这般颜色做将来”的颜色。他要的不是一种已经存在的色彩，而是要大雨过后，在云彩裂开的缝隙里出现的那个色彩。这个要求是很苛刻的，但也证明了古人在造色方面的创意。后来这种色彩被运用在瓷器上，如宋代汝窑做出了一种天青釉，其颜色清澈通透，似玉非玉。

除此之外，层出不穷的新技术和传统文化经过碰撞后非常容易产生好的创意。

再来看一下故宫文化创意产品，你可以发现其中很多好的产品也都是日常用品。作为文化创意产品终究还是需要多研究人们的生活，研究人们的生活习惯，研究人们在生活中需要什么样的产品，研究文化创意产品如何能被大众消费者所接受。文化与功能的巧妙结合是最佳的创意方案之一，可以潜移默化地将传统文化融入人们的日常生活。

创意作为实现文化价值和产品价值的主导力量，其最大的意义在于对文化的转化。它将物质文化与非物质文化中的文化，或者是其他分类方式中不为人所了解的文化以有趣的、消费者能够欣然接受的方式进行传达，使传统文化得到传承。不可否认的是，好的创意可以让文化得以传承，并让传承的效率最大化，而不好的创意对于传统文化的准确传达则值得商榷。

故宫博物院所藏北宋画家王希孟绘制的《千里江山图》，画面峰峦起伏、烟波浩渺、气象万千、壮丽恢宏，山河之美一览无余。这幅画是众多文化创意产品应用的文化元素，但是设计师的创意方式却各不相同，文化创意产品的水平也有高下之分。如应用刀模切割和四色热转印工艺，以天然橡胶和聚酯纤维防水面料为原材料制成桌垫，或木胎漆器迷你屏风摆件（如图 1-3-1 所示）。在这两款文化创意产品中，《千里江山图》都是纯粹地以复制原画画面的形式应用在产品之中的。

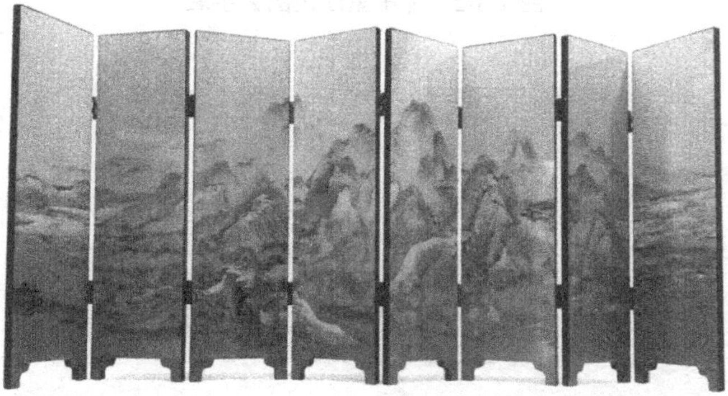

图 1-3-1　《千里江山图》迷你屏风摆件

有的设计师将《千里江山图》画卷的局部小景移入手表表盘（如图 1-3-2 所示），抬手间，目光所及之处便是壮美河山，借由指针的游走告诉人们随着时间流逝，这幅画卷定格为永恒。比起桌垫贴图式的运用，手表的创意算得上是略胜一筹。还有的设计师将《千里江山图》与苏绣相结合，运用在团扇扇面上（如图 1-3-3 所示）。产品的出彩之处不在于图案的选取，而在于纯手工的刺绣工艺。刺绣让每把团扇的扇面都成为独一无二的存在，当它们到达每个消费者的手中时，就有了“千人千面”的效果。当这样的团扇作为汉服饰品被消费者使用后，这幅定格的《千里江山图》仿佛活了起来，又融入了当下的壮美河山中。

图 1-3-2　《千里江山图》手表

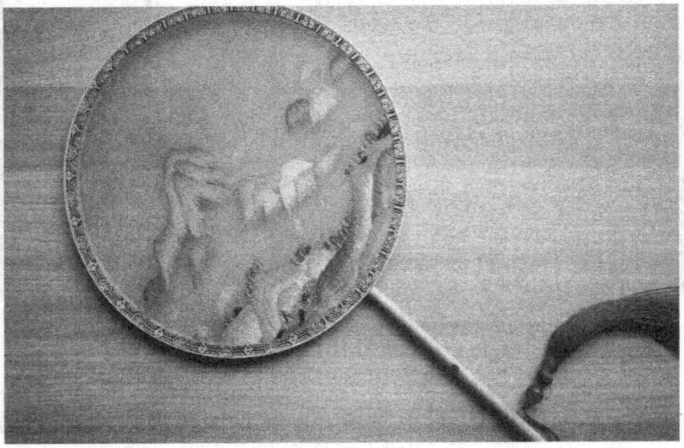

图 1-3-3　《千里江山图》团扇

按照创意对于文化的转化和传达的水平可以将文化创意产品分为三个层次。

第一个层次，创意含量几乎为零的贴图法。这种方法通常是将原有的文化元素直接以图案、图形的形式附加在产品上。众多刻有各种图案的木质书签，其设计方式通常是简单地以书签式样的木片作为载体，使用机器雕刻出有着特定含义的中国传统图形，如梅、兰、竹、菊、花窗、人物脸谱等。图案和木雕工艺的组合并没有产生 1+1>2 的效果，类似的图案运用在铜材质上也并无不可（如图 1-3-4 所示）。

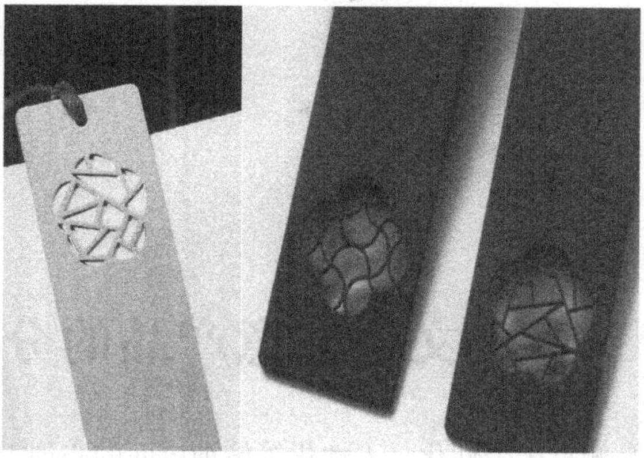

图 1-3-4 图案相似的黄铜书签和木质书签

第二个层次，符号能指的转化和延展，或将特色文化内涵外化。了解这一内容之前，我们先要了解“能指”与“所指”这对概念。符号是能指和所指的结合，能指就是表示者，所指就是被表示者。以巧克力为例，巧克力的形象是能指，爱情是其所指，两者结合就构成了表达爱情的巧克力符号。

在中国传统文化中，梅、兰、竹、菊等植物能代表一定的精神品质，古人所说的“宁可食无肉，不可居无竹”，不是说竹子这种植物本身有多美，人们所喜爱的是竹子的内涵，想要表达的是对竹子精神的喜爱，即自强不息、顶天立地的精神。所以当一些文化创意载体与特定文化符号巧妙地结合之后，其层次便比贴图法的文化创意产品的立意高出许多。

在众多文化创意商店中，我们经常能看见这两个层次的杯子，即在各种造型的杯身上绘制各种原汁原味的传统图案和图形。

第三个层次，可用一句话概括为“只可意会，不可言传”。此类文化创意产品在于对意境的表达，将传统文化的意蕴、思想、观念等以无形的方式融入产品载体。在众多的文化创意中，有一类文化创意被称作“禅意文化创意”，与其相关联的产品主要是抄经、茶道、香道、茶器、禅趣等。如洛可可风格的高山流水香台，以烟代水，一石知山，烟气腾挪，方寸之间容纳天地气象。

文化创意产品是创意作用的对象，创意也是文化创意产品的核心，文化以某一种创意方式或形式加载于产品之中，与产品融合为一体，成为特定文化内容主题的文化创意产品。当然，我们也要考虑市场因素、消费心理、需求趋势等方面的问题，只有这样才能保证特定文化创意产品能够满足细分市场的需求，实现经济效益最大化。

第二章　文化创意产品的分类

文化创意产品侧重于个性化、人性化等精神层面的心理需求，设计思想更加注重人文情感，是今后产品设计的发展趋势。中国文化源远流长，内涵博大精深，如唐诗、宋词、书法、文房四宝、神话传说、戏曲、茶道等文化内容丰富，以文化传承为主题进行文化创意产品设计的载体种类丰富，如文具、饰品、家具、灯具、茶具、纪念品等。

第一节　传统文化的文化创意产品

所谓传统文化，是由文明演化汇集成的一种反映民族特质和民族风貌的文化，是各种思想文化、观念形态的总体表现。世界各地、各民族都有自己的传统文化，本书所述传统文化均指中国传统文化。传统文化丰富的艺术表现手法和形式有着深沉、恢宏、灵秀、简约、质朴和精致等多种特点。将传统文化中的优秀形式及元素应用于文化创意产品的设计中，不仅可以实现产品质量的提高，还可以提升公众的品位。按照一定的文化分类方式，文化创意产品设计中应用的传统文化元素来源可以分为物质文化和非物质文化两部分。

一、以物质文化作为创意来源的文化创意产品

物质文化是有形的，如园林建筑、景观、服饰、历史文物等实质性物体。随着旅游业的发展，各地的历史建筑已经成为文化创意产品设计的重要创意来源。

中国江南地区的园林历史文化深厚，接待了无数中外游客，具有众多可塑的文化元素。然而，在江南的众多园林景区中，所售卖的很多文化创意产品缺少自身特色和文化传承，衍生产品形式单一，缺少创新。

以苏州拙政园为例，其文化也可分为物质文化和非物质文化两个方面。文

化创意产品设计作为传播中国传统文化的方式之一，也是继承和发展地域文化的主要手段。在进行文化元素选择的时候，设计者考虑到拙政园是四大园林之一的属性，文化元素最值得从园林文化内容主题中提取，融入文化创意产品中的典型文化元素无疑应是园林中的建筑元素，这是最能够体现这一地区独有的精神风貌和地域特色的文化元素。在此基础上，文化创意产品的设计还可以跳出园林文化内容主题文化创意产品中常见的载体，如明信片等，选择其他形式，让文化创意产品不仅具有同明信片一样的装饰性，还有了功能性。

一些设计者的创意来源于花窗和中国画中的创作手法——留白，利用花窗的镂空形式设计了一组木器灯具文化创意产品，搭配放置在台灯一侧的是亚克力小容器。用户既可以在小容器中栽种迷你植物，也可把它当作收纳盒，让用户在体验动手创作的同时延续花窗在园林中的空间感，透过花窗仿佛身临其境地看到了园林里的花草树木，同系列的夜灯增加了用户的购物选择。（如图 2-1-1 所示）

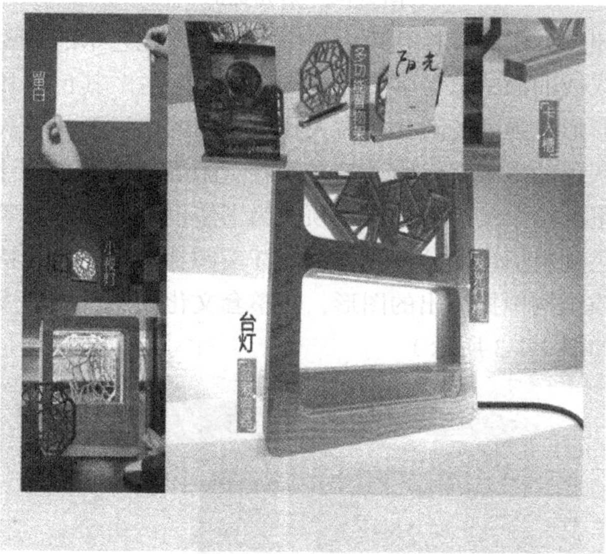

图 2-1-1 木器灯具文化创意产品

一些设计者是从苏州园林的众多建筑元素中挑选了具有代表性的月洞门、花窗等进行图形的提炼，以提炼后的基本图形进行收纳盒的设计，以榉木和黄铜为材料，形成质感的对比。随四季物候的变化，用户可以放置办公用品、首饰等不同物品，突出其实用性。（如图 2-1-2 所示）

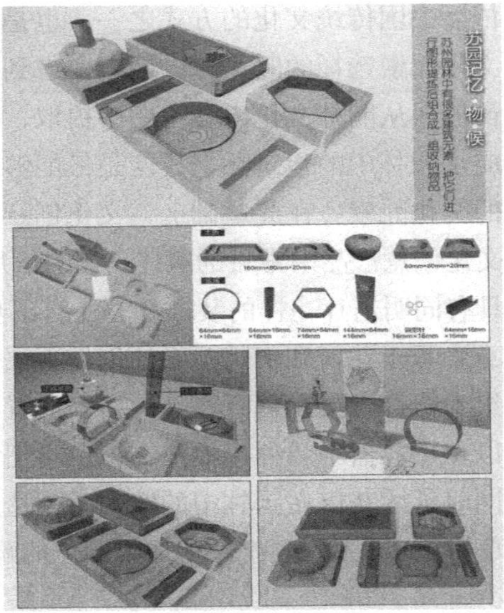

图 2-1-2　苏州记忆

此外，苏州园林中的飞檐翘角也是中国园林建筑艺术的重要表现部分，其外观多呈现曲线或曲面，造型多变，或端庄，或轻盈。其色彩和皇家园林建筑金碧辉煌的色彩形成强烈的对比，在大片白粉墙的映衬下，黑灰色的小青瓦屋顶、栗色或深灰色的木梁架，给人带来淡雅、幽静的感觉。设计者选取四大园林之一的留园里的三个具有特色的屋顶作为书签设计的文化元素。书签的银色金属部分和黑色釉料填色部分共同打造出江南园林粉墙黛瓦的特征。书签下端加上从园林木质结构中提炼出的图形，使整套文化创意产品形成统一且各具特色的效果。（如图 2-1-3 所示）

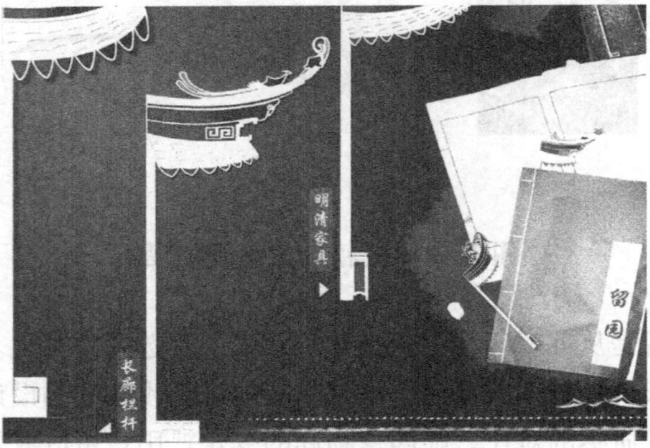

图 2-1-3　创意书签

江南园林是中华民族优秀的文化遗产，如何让园林文化“鲜活”“灵动”起来，园林主题的文化创意产品可起到重要的作用。它们将为园林文化的影响力提升增添动力，使园林不再只是矗立不动的千年宅院。

如果说江南园林包含着江南地区特有的文化元素，也是苏州这座拥有近2500年历史的古城的重要文化元素，那么兵马俑和城墙就是西安这个十三朝古都众多文化内容中的重要文化元素。子曰：“非礼勿视，非礼勿听，非礼勿言，非礼勿动。”短短16个字集中反映了孔子对“仁”的理解，体现了中国礼仪之邦的优良传统。陕西文物复仿制品开发有限公司根据孔子这句短短的话语，结合秦始皇兵马俑的基本形象，设计了“兵兵有礼”系列憨态可掬的文化创意产品（如图2-1-4所示）。卡通人物用手捂着眼睛、耳朵、嘴巴，或者双手背后，通过萌萌的动作来诠释“非礼勿视，非礼勿听，非礼勿言，非礼勿动”的理念。该公司还以此为基本形象设计了杯子、笔记本、卡通冰糕模等一系列文化创意产品。

图2-1-4　兵兵有礼

同样是从中国传统建筑文化内容中提取元素，江南园林吸引人的是它的柔美，西安城墙吸引人的则是它自带的厚重历史感。位于西安城墙上的主题旅游纪念品商店——城墙故事是城墙文化创意产品的聚集地（如图2-1-5所示），主要的文化创意产品是基于再设计的城墙图形进行开发的，包括绘有城墙图案的帆布包、明信片、永宁门纸模、城楼便签台、金属城墙烛台等。

图 2-1-5　主题旅游纪念品商店

不管社会如何发展，衣食住行都是人们生活的基本需求。汉服衍生出的文化创意产品也是众多消费者所关注和所喜爱的类型。汉服是中国汉族的传统民族服饰，其历史可追溯到上古时期。一直到明代，汉族都保留着服饰的基本特征。这一时期汉族所穿的服饰被称为汉服。汉服最能体现汉族人儒雅内秀、神采俊逸、雍容华贵、美丽端庄的气质，但是它又不是简单的一件衣服，汉服上浓缩了各种复杂的传统工艺，如蜡染、刺绣等。因此，从汉服上可以提取的文化元素非常多。

如果想更好地传承汉服文化，一方面要保持其“交领、右衽、系带”等基本特征，另一方面也应该符合现代人的生活习惯，不能被形式所束缚。以文化创意产品的定义为评判标准的话，改良汉服也是文化创意产品，并且改良汉服被接受的程度远高于传统汉服，在很多景区都有售卖改良汉服的店铺（如图 2-1-6 所示）。改良汉服是一个让年轻人迅速接受汉服文化的方法，魏晋风格汉服的大袖非常不符合现代人的生活习惯，在延续汉服基本特征的前提下可以进行创新，如把袖口进行缩小。

图 2-1-6　改良汉服

对于以汉服图案为主要文化元素的创意设计而言，其需要尽可能多地保留汉服原有的特征。设计师以唐代服饰文化元素为基础，先进行汉服娃娃的图形设计，然后将此图形设计应用在各种产品上，如手机壳、抱枕、杯子等（如图 2-1-7 所示）。

图 2-1-7　汉服图案创意设计

源于物质文化的文化创意产品的设计难度并不大，因为其本身的造型和图形就是设计师取之不尽的创意设计来源。大多数物质文化都曾是和古人日常生活息息相关的实物，作为设计师要思考的是如何避免把它们从实用性物品变为视觉性物品，要让它们在现代生活中继续以日常用品的形式存在，让它们继续为人们的生活服务，自然而然地实现文化传承的目的。

二、以非物质文化作为创意来源的文化创意产品

非物质文化主要是指那些非物质形态的、有艺术和历史价值的文化内容，是人类在社会历史实践过程中所创造的各种精神文化，如吉祥文化、传统工艺、节令民俗等。

（一）以吉祥文化为创意来源的文化创意产品设计

中国的吉祥文化源远流长，也和百姓的日常生活紧密相连。以共同的吉祥观为内涵，以传统民俗为形式，以传统民间工艺为手段，以吉祥物品、吉祥纹样、吉祥色彩为载体，共同组成了人们祈福纳祥的美好愿望。

从新石器时代陶器上的陶文“日”和“月”连成一圈组成的装饰纹案到西安半坡遗址出土的新石器时代彩陶上的多种形式的人面鱼纹，这些早期人类将图腾崇拜融于陶器之上，展现了原始先民的吉祥观。之后，这种吉祥观影响着整个中华民族的风俗习惯。

1. 吉祥文化的驱动作用

在中国人的生活实践中，“吉”与“祥”这两个字就是一种情感驱动符号，驱使着消费者认同其所承载和附着的产品，从而让消费者愿意购买相关的文化创意产品，在情感上驱动其去感受产品中所包含的文化创意设计。在苏州桃花坞木刻年画中，最受消费者喜爱的产品是“一团和气”的年画。同“吉”“祥”二字一样，“和”字也是吉祥文化元素中最能触动消费者情感的字。“和”代表着和气、和睦、和谐。古代思想家强调“以和为贵”“和气致祥”，在古代“和合二仙”象征着幸福。吉祥文化不单是其他传统文化推广的驱动力，同样也是地域文化的活化剂，让具有差异性的地域文化借助吉祥文化重新融入人们的生活，进而促进地区文化创意产业的发展。

2. 基于吉祥文化的文化创意产品设计

我们要想基于吉祥文化进行文化创意产品的设计，就必须先了解其语义和表达方式，吉祥文化的内容都不是直表其意的，而是寄意于其他形象之中的。寓意手法通常被归为三类：一是象征，如石榴只是一种植物，因为其籽很多，所以象征着多子；二是谐音，如以具象的“蝠”表示“福”；三是表号，它既是某种形象的简略化，也是一种约定俗成的象征性代号，如由八仙的八件法宝组合而成的图案称为“暗八仙”。因此，基于吉祥文化的文化创意产品设计首先要从吉祥的表达方式入手，再结合恰当的载体进行创意设计，才能准确地传播包含吉祥文化在内的传统文化。

拙政园主题银饰和耳饰的文化创意产品应用了象征手法来进行设计，选用花窗元素，将苏州拙政园中花窗的图案与银饰工艺结合进行首饰设计。但是，图案的选择并不是随意地从花窗中提取的，而是在对花窗中的吉祥图案进行调研和分析后才做出的选择（如图 2-1-8、图 2-1-9 所示）。花窗图案来自栀子花纹的花窗，栀子形的六个花瓣似如意纹，嵌两支万年青，象征吉祥如意、万年长青（如图 2-1-10 所示）。

漏窗使园林内的景物显得幽邃曲折，更重要的是漏窗中千变万化的图案雅俗共赏，地域性的士大夫文化、民俗文化和吉祥文化相互交错，编织出丰富的文化内涵，通过漏窗完美体现。因此，借由文化创意产品传达的不单是吉祥文化，还有更多包含在其中的内涵，最先打动消费者的必定是吉祥文化。

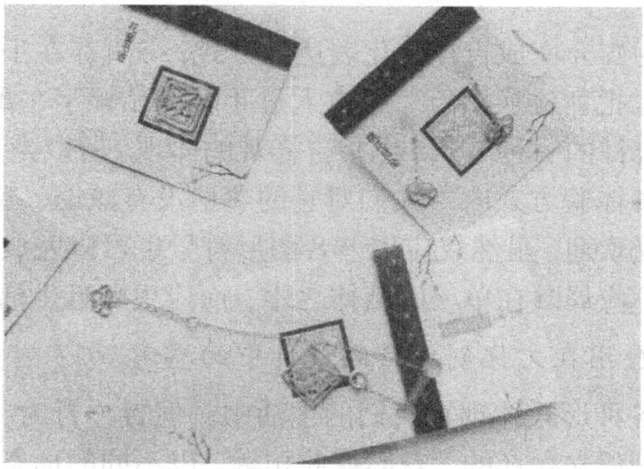

图 2-1-8　拙政园主题银饰

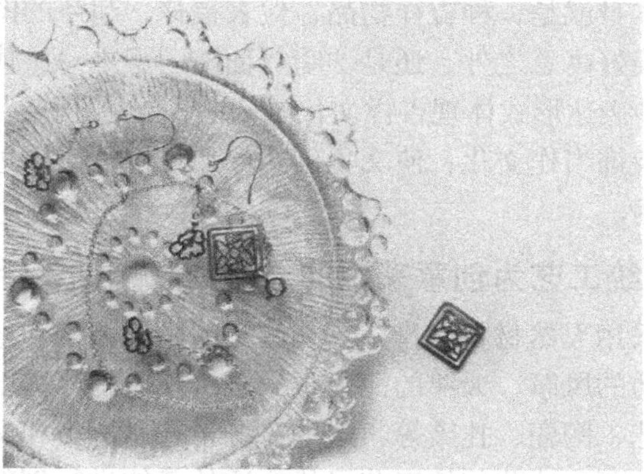

图 2-1-9　拙政园主题耳坠

图 2-1-10　拙政园的栀子花纹花窗

这种以行为为媒介完成吉祥文化表达的方式，一直存在于吉祥文化中。“千门万户曈曈日，总把新桃换旧符”，古人过年时倒贴福字（寓意“福到”）就是以行为来表达吉祥的一种方式，也是吉祥观的体现。所以当支付宝重新给“贴福”行为换了一种体验方式时，人们对它的热情没有减退，反而其因更加贴近生活的玩法而广受欢迎。虽然仅应用谐音图形符号也可以完成吉祥文化的传承，但是我们的设计不应局限在单一的载体之中，而应更贴近生活，更具有实用性。

3. 吉祥文化应用在文化创意产品设计中的思考

吉祥文化以各种形式体现在我们的生活中，但吉祥行为、吉祥物、吉祥图形三者之间并不是孤立存在的。它们彼此相融，以不同的形态与其他文化相融，以实物或虚拟的产品形式呈现在人们的生活中。古代有“送瓜求子”的说法，这里送的瓜就是葫芦，送葫芦的行为构成一种祝愿，即祝愿对方的家族人丁兴旺。此外，葫芦本身就是一种吉祥物品，代表福禄，葫芦的图案除了有子孙万代、多子多福的美好寓意之外，还是“暗八仙”图案之一（代表铁拐李）。人们在用葫芦的三种表达形式体现吉祥文化时，并不会刻意割裂彼此的吉祥寓意，所以，要避免把装饰当作文化，使文化创意产品在设计应用过程中失去其本身所具有的深刻内涵。

（二）以传统工艺为创意来源的文化创意产品设计

传统工艺指采用天然材料制作，具有鲜明的民族风格和地方特色的工艺种类和技艺。如潍坊的风筝、天津的泥人张彩塑、苏州的苏绣以及不能以地域来划分的剪纸、漆艺、陶瓷、扎染等，这些传统工艺是历史和文化底蕴的体现。现在，设计师也需要为这些传统工艺寻找合适的载体进行创新设计，传承其所承载的历史与文化底蕴。

不同的传统工艺类别也要考虑其所具有的特点，使其与实际生活和用户需求结合起来，通过创意设计激活其新的生命力。

1. 剪纸

作为非物质文化遗产之一的剪纸，是中华民族非常普及的民间工艺和装饰艺术形式。在南北朝墓葬中出土的动物花卉团花是目前发现的最早的剪纸实物，然而，学者认为汉唐妇女贴在鬓角处的方胜（金银箔制成）或许是剪纸的更早起源。[①]

作为一种传统工艺，剪纸的生命力和形式都随着时代的变迁而变化，越来越丰富的纸张种类和机器雕刻工艺的发展，使剪纸的形式和功能有了扩展。这是社会的需求，也是现代人们日常生活的需求，传统剪纸和传统民俗是息息相关的。任何一种艺术门类都不可能靠国家保护而得到传播，其只有与社会需求进行结合才能历久弥新。

目前比较常见的以剪纸为主题的文化创意产品多围绕传统图形进行创作，以单层传统剪纸装饰画的形态呈现，装裱在各类镜框中。图形是大家喜闻乐见的传统图形，寓意吉祥，以大红色宣纸为材料，其传统性被保留得非常好。此外，借助机器完成剪纸工艺的纸雕灯也是文化创意产品中比较常见的类型，让剪纸工艺不再只依靠装饰性而存在，具有了实用价值。在多层剪纸装饰画后面加上液晶显示屏灯带，可使其成为具有实用功能的台灯。

以端午节的传说和剪纸工艺为文化元素进行创意设计的一组纸雕灯，通过多层剪纸的图形组合讲述端午节的传说。端午节起源于中国，最初是上古先民以龙舟竞渡的形式祭祀龙祖的节日。因传说战国时期的楚国诗人屈原在端午节抱石跳汨罗江自尽，后来人们亦将端午节作为纪念屈原的节日，个别地方也有纪念伍子胥、曹娥等说法。虽然剪纸工艺的镂空手法在图形表达上别具特色，但是空间感不强，当以多层剪纸的形式组合成完整构图时，既保留了剪纸的基本特征，也让画面层次丰富了起来。

对于剪纸这一历经千年的非物质文化遗产，还有更多创意形式可以应用在文化创意产品设计中，设计师可以运用其特有的魅力进行文化创意产品的设计，让更多的人了解剪纸艺术。

2. 漆艺

传统的漆艺产品主要以艺术品和工艺品的方式呈现。漆艺艺术品多针对高端市场，以艺术家个人风格为主体，但受众群体的审美与欣赏水平不同，决定了此类艺术品只能在小众群体内流行，数量与市场限制了漆艺文化的推广。以

① 高星．中国乡土手工艺 [M]．西安：陕西师范大学出版社，2004.

此为鉴，当漆艺运用在文化创意产品设计中时，就要摆脱纯装饰性的约束，融入人们的生活，尤其是年轻人的生活。让年轻消费者，即文化创意产品的主力消费群体了解和接受漆艺的独特魅力，从而实现漆艺文化的推广，也为传统漆艺产业的再次发展开辟新的方向。

设计师以漆艺为基础进行手机壳的创意设计，首先从十二花神中选取对应的花形进行图案设计，然后主要运用蛋壳镶嵌手法完成图案的制作，蛋壳的自然龟裂肌理富有亲切、朴素的美感，增加了漆艺的图案表现力，最后上透明漆（如图 2-1-11 所示）。

图 2-1-11　漆艺手机壳

3. 绞胎陶瓷

绞胎陶瓷是中国古代陶瓷装饰工艺中特殊的品种，由于工艺复杂，制作难度大，因此其产品类型和产量在很大程度上都受到了限制。早在唐代，古人就开始研究绞胎陶瓷，但是元代以后这种工艺便逐渐衰亡，直至现代只有少数陶艺家对绞胎陶瓷做了初步的研究与探索。

绞胎通常是用两种不同颜色的瓷土，像拧麻花一样将它们拧在一起制成新泥料，再拉坯成型，或切成片状，最后浇一层透明釉烧制而成。由于绞揉方式不同，纹理变化亦无穷。因此，运用绞胎工艺制作而成的产品存在一定的偶然因素，每一次的作品都是孤品，都带着“世上唯此一件”的属性，存在不可复制性。所以每次形成的纹样并不固定，有的像木材的年轮，有的像并列的羽毛，还有的像盛开的梅花等，这些精美的纹饰给人们以变化万千之感。①

设计师以绞胎陶瓷和现代银饰相结合制作首饰，这两者的结合实现了传统

① 高星．中国乡土手工艺 [M]．西安：陕西师范大学出版社，2004.

绞胎陶瓷文化的传播，亦创新了传统绞胎陶瓷的设计与运用，使其以一种新的形态出现，让年轻人喜欢上它。每一件成品都要经过拉坯、打磨等几十道工序，充满着手作之美，最关键的是爱美的女性不用担心遇见和自己佩戴相同首饰的人。严格来说，包含传统工艺的产品不一定就是文化创意产品，关键在于有没有对传统工艺的运用进行再设计。需要注意的是，创新并非标新立异、割裂传统，而是要在保证传统工艺的精髓和本质的前提下推陈出新。（如图 2-1-12 所示）

图 2-1-12　绞胎陶瓷项链

基于非物质文化进行设计的文化创意产品不局限于吉祥文化和传统工艺，与基于物质文化进行设计的文化创意产品相比较，它有着更广阔的形态创意空间，同时也增加了设计的难度，在大多数情况下没有一个原形态来进行参考。因此，基于非物质文化进行设计的文化创意产品一定要抓住文化元素的精髓。

第二节　博物馆的文化创意产品

以故宫文化创意为核心的博物馆文化创意给整个博物馆文化创意产业发展带来契机。2016 年 5 月 11 日，文化部（现文化和旅游部）、国家发展和改革委员会、财政部、国家文物局《关于推动文化文物单位文化创意产品开发的若干意见》的出台，更是给了博物馆文化创意提供了强大的助力。目前，国内已有数千家博物馆、美术馆、纪念馆围绕自己的馆藏产品进行了文化创意衍生品的开发。其中，故宫文化创意绝对是人气之王，也是博物馆文化创意产业的引领者。

一、故宫文化创意产品

说起故宫文化创意，2013 年，中国台北故宫博物院曾推出过一款爆款产品——“朕知道了”纸胶带，产品以康熙朱批“朕知道了”为文化元素，以纸胶带为载体。如此简单的产品，既没有特殊的造型，也没有新奇的功能，仅因为有趣而受到消费者的喜爱。也许这件衍生品的走红与清宫戏的爆红不无关联，也证明了“让产品具有故事性”是文化创意产品有别于旅游纪念品的一个重要因素，也是吸引游客以外的消费群体的决定性因素。

“朕知道了”纸胶带上的字样来自清朝皇帝康熙批阅奏折时的手书真迹。在这款产品背后有着这样一个故事。

康熙四十九年，江宁织造曹寅给康熙皇帝呈上了一道谢恩的奏折，感谢康熙皇帝对自己病情的关心。之后康熙皇帝在此道奏折上写道：“知道了。惟疥不宜服药，倘毒入内，后来恐成大麻风症。出海水之外，千方不能治。小心！小心！土茯苓可以代茶，常常吃去亦好。”

康熙皇帝此则朱批的书写不是偶然，是因为他爱好医学且懂些处方，除了在宫中制药赏赐臣子之外，也经常通过朱批奏折关怀臣子身体。曹寅这则谢恩折中，提到自己因风寒误服人参，得解后又患疥卧病两月余，前蒙恩命服“地黄汤”等，得以痊愈，而现在又蒙恩命以“土茯苓”代茶服。

这个故事因为一个小物品得以重现，设计者的初衷也是希望古文物、古字画上的图案能以更有趣的方式存在于生活里，有趣不正是文化传承最好的媒介么。

故宫萌物系列文化创意产品在全国博物馆文化创意产品中的受欢迎程度非常高，它的背后是长达 5 年的探索与尝试。据《商学院》杂志报道，“故宫淘宝”网店早在 2008 年就注册成立，至 2014 年 9 月，销售一直不温不火。2014 年 10 月，朝珠耳机的推出才使网店销量陡然增加，同时也带动了店里其他文化创意产品的销售。“帝后”书签、“奉旨出差”行李牌等一系列带有宫廷文化气息的，好玩、实用、迎合市场的文化创意产品受到了网友的追捧，给文化创意网店带来了可观的销量。

图 2-2-1　故宫午门

图 2-2-2　故宫文化创意产品

故宫文化创意产品的走红也许和清宫戏的热播有关，再加上产品的创意性和实用性都尚佳，走红也就成了水到渠成的事情。尽管清宫戏的热播让消费者内心先了解了和产品相关联的故事背景，进而才喜欢上产品，但是如果文化创意产品本身不能和故事融合得天衣无缝，不能真正表达中国传统文化的精髓，也未必能得到消费者的认可。

2013 年，故宫对围绕故宫知识产权（IP）开发的文化创意产品提出了“三要素”原则，即元素性、故事性、传承性。元素性是指文化创意产品必须突出故宫的元素；故事性是指文化创意产品要能讲出其背后的故事；传承性是指文化创意产品以传播优秀的中国传统文化为出发点，让其与现代人的生活对接，从而让人感受并接受这种文化。

元素性代表着文化本身，故事性代表着文化表达方式的多样性，传承性代表着文化创意产品被设计的目的。

所以，设计趣味文化不是目的，而是一种创意手段，通过这种方式借由故事带来的流量，实现有效的文化表达和传承。

尤其要注意的是，趣味文化是健康的、积极向上的，这也是博物馆文化创意产品的核心价值。虽然众口难调，各类消费群体对文化的需求程度不一样，如有对历史文化信息的准确性要求较高的，也有只喜欢有趣的文化创意产品的，但长此以往，后者会背离文化创意产品设计的初衷。博物馆作为优秀传统文化的传播空间，一个很重要的功能就在于提升公众的审美能力及其对文化的深层认知。

2018年开播的热门综艺节目《上新了·故宫》中很好地分析了故宫文化创意产品的设计过程：有原汁原味的元素的选取，有故事真实性的考证，有文化传承最好载体的斟酌。为公众普及了蕴含在产品之中的文化元素和历史故事。

在首期节目中，嘉宾在故宫专家和专业设计师的陪同下，历经一天的发掘，推出了由三件单品组合而成的“美什件”系列文化创意产品。

产品的设计从乾隆皇帝喜爱戏曲的故事开始，挖掘故事背后的众多文化元素。首先，是倦勤斋的建筑特色，在倦勤斋内有一个小戏台，它是故宫博物院内最奢华、最奇特的一处建筑，通过倦勤斋内的家具与门窗上的竹子图案以及双面绣等精美的传统工艺，可以感受到在建造倦勤斋的时候，乾隆对江南文化有多痴迷。其次，是“什件”这个文化元素。所谓什件是古时贵族女子的潮流物件，古代女子会将随身小物件串联在一起佩戴在身上。什件最早可追溯到辽代陈国公主墓出土的玉佩饰，有六件饰物串联在一起，分别是玉制的剪、觿、锉、刀、锥、勺。最后，设计师将密藏在倦勤斋中的江南元素——通景画中的紫藤雀鸟、金丝楠木仿斑竹的竹形、双面绣上寓意吉祥如意的云纹，以及什件等文化元素进行融合，以彩妆产品作为载体完成“美什件”三件套的设计。

第二期节目中的文化创意产品是以吉祥文化为基础的“畅心睡眠”系列睡衣，和戏曲相关，这次主角从倦勤斋和什件换成了畅音阁和戏服。

文化创意产品的设计从看戏这项皇宫中主要的娱乐活动开始。每逢各种节日，如元旦、立春、上元、端午、七夕、中秋、重阳、冬至、除夕等，皇亲国戚都要在宫中看戏。畅音阁是故宫中最大的一座戏台，有上、中、下三层，上层称“福台”，中层称“禄台”，下层称“寿台”。在此演出的戏曲大多是歌舞升平的吉祥神仙戏，整座戏台都透着吉祥的气息，包括其内部的装饰和彩绘，天花板上的仙鹤、蝙蝠等纹饰。

设计师将畅音阁天花板上的仙鹤纹饰以及卷草纹木雕兽匾等吉祥意象融入设计之中，将乾隆时期的戏衣设计为现代睡衣，寓意“蝠福，福如意；鹤贺，贺佳音”。将这样的睡衣穿在身上，内心不免觉得和吉祥有了关联。

第三期节目中的文化创意产品是日晷时钟，这是由一个“学霸”的故事开启的设计。故事的主角是康熙皇帝，他的勤勉好学令其洋人教师惊叹：“从未见过如此认真、聪明而且勤奋的人。”他亲自炼制西药、大胆研究解剖学等，让后人看到了他对自然科学的尊重与热爱，这种勤勉好学的优秀品德便是第一个文化元素。日晷，其本义是指太阳的影子，后来成为古人的一种计时仪器。北京故宫太和殿中的赤道日晷，晷面用汉白玉制成，是经典式赤道日晷。随着太阳位置的变化，晷针影子在盘上移动一寸所花的时间称为“一寸光阴”，“一寸光阴一寸金”的成语就是由此而来的。前后两个文化元素都有着珍惜时光的内涵，设计师将日晷和日历相结合，将西洋的时钟与东方的日晷进行有效的结合，以朝阳、晴空、星夜的颜色染做日历。创作出“日出而作”日晷计时器，意指康熙皇帝严谨的求学精神，也提醒着人们要珍惜时间。

第五期节目讲述了故宫中一位传奇母亲的故事，故事的关键人物是孝庄皇太后、顺治皇帝、董鄂妃；故事关键事件有废后、《罪己诏》；故事关键地点是保和殿；故事关键物品为顺治帝的马鞍。这些关键点连起来就是一个复杂的故事，从孝庄皇太后因为顺治皇帝的婚姻问题诱发的母子之间的矛盾，引出了一段顺治皇帝与董鄂妃的感情故事。由于可以从中提取的文化元素不是那么明显和直接，于是设计师提炼了故事的内容，选择其情景并定格在整套“紫禁·薰”香薰蜡烛系列文化创意产品之上，传达的是一段看得见的孝庄皇太后的故事。用盲盒的形式将其分为一组六个、四个或两个香薰蜡烛杯，揭开每组和故事主角相关的漫画，就会解锁不同的香薰气味。卡通化的历史人物，盲盒的打开形式，以有趣的形式让更多的年轻人接受传统文化。

第七期节目的文化创意产品是关于乾隆皇帝最宠爱的十公主的一个故事。设计师从十公主短暂的一生中提取各种有趣的文化元素：特殊封号、投壶、十力弓、漱芳斋、蒙古象棋、抓周等，以故宫博物院全景为游戏地图，融入小朋友喜爱的游戏棋之中。整套游戏棋的玩法类似大富翁游戏棋，通过游戏棋能够了解十公主的一生。同时，这个游戏棋也是一款亲子游戏棋，文化创意产品十分契合乾隆皇帝宠爱十公主，陪她一起玩耍的故事。

虽然像《上新了·故宫》这种先讲故事再设计文化创意产品的呈现方式不能推广到所有产品上，但是我们依旧可以在故宫的文化创意商店内发现不少一眼就能透过产品本身看到背后的文化元素以及故事的文化创意产品。

例如，一款百蝶流苏手拿包。设计师从清宫旧藏“百蝶纹女袷褂襴”中选取了平金绣的蝴蝶，将其融入手拿包的设计中，通过它呈现给消费者的是清宫女子的日常穿着打扮特点（如图 2-2-3 所示）。

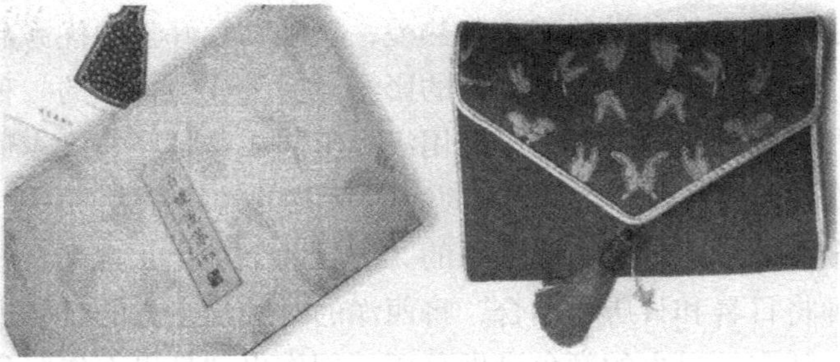

图 2-2-3　百蝶流苏手拿包

虽然清宫后妃首饰贴纸的文化创意产品属于最简单的贴图法，但是每一款首饰的工艺都各不相同，传达出中国传统工艺的精致特色。设计师用手绘的方式，以贴纸为载体，向人们讲述清宫后妃日常佩戴的首饰的故事（如图 2-2-4 所示）。

图 2-2-4　清宫后妃首饰贴纸

在众多的故宫文化创意产品中，还有一款特殊的产品，很难把它归到特定的种类中，也很难界定它的作用，这就是《谜宫·如意琳琅图籍》。故宫给它设定的属性是“创意互动解谜书”。单从外观上看，它就像一本普通的书籍，但又不是传统意义上的只能通过阅读获得知识的书籍，而是以文字阅读体验为基础，借助手机实现互动的解谜游戏书（如图 2-2-5 所示）。

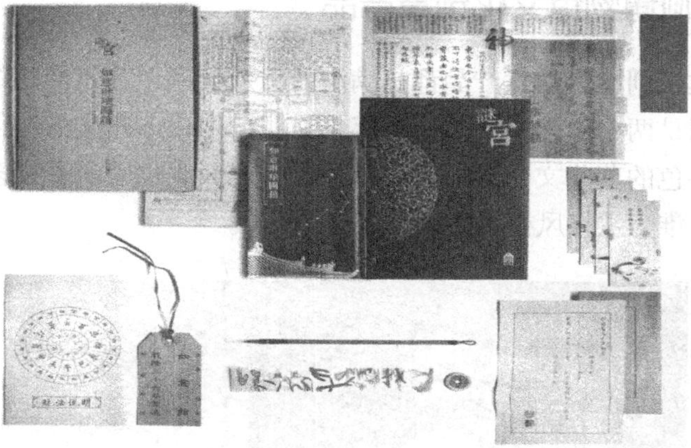

图 2-2-5 《谜宫·如意琳琅图籍》

借助实体书、智能手机和配套的线索道具，作为玩家的读者通过书中的 30 多个环环相扣的谜题任务，不仅可以了解到故宫的故事，还能左右剧情，决定主人公的命运。翻开泛黄的书页，手绘的紫禁城地图、密语撰写的字条、乾隆年间的铜钱，以及毛笔、书签、剪纸……这些神秘的道具让人仿佛置身于偌大的紫禁城中，化身为侦探，开启揭秘之旅。

这本书的供不应求说明：听故事谁都喜欢，就看设计师能不能讲好这个故事，讲不好，读者是不会买单的。

讲好故事的最终目的还是传承文化。从上述各类文化创意产品中我们可以看到，故宫在研发文化创意产品时会从不同年龄、不同消费能力人群的差异中找到个性化的文化需求，让文化创意产品的消费层次和风格都有所区别。既有纸胶带、鼠标垫这类价格不高的文化生活用品，也有陶瓷器皿、真丝衣饰这种具有中国特色，可作为国礼赠送给外国友人的文化创意产品，还有日晷时钟和《谜宫·如意琳琅图籍》这类值得故宫文化爱好者收藏的产品。

换言之，文化创意产品只有被消费者购买才能实现其传承文化的目的。故宫的文化创意产品多是在生活中用得到的产品，大部分产品的价格是普通消费者可承受的，以此来实现文化消费走进大众生活的目的。当人们家中摆放的日用品都是有故事的、有文化内涵的文化创意产品时，当人们可以向客人讲述家中这些文化创意产品的文化寓意和故事时，博物馆的这些衍生文化创意产品也就有了空间延伸和价值提升的意义。

二、苏州博物馆文化创意产品

故宫从建筑到文化创意产品都是满满的宫廷气息，苏州博物馆从建筑到文化创意产品则是两个字——文艺。百年来，明清两代苏州文人所创造的以“精细秀雅”为特色的苏州文化渗透到苏州的方方面面，也吸引着众多游客，苏州博物馆即以文雅为主打风格（如图 2-2-6 所示）。

图 2-2-6　苏州博物馆

苏州博物馆旁边是四大名园之一的拙政园，馆内一部分还曾经是太平天国忠王府，向南步行五分钟就是狮子林。贝聿铭的设计让苏州博物馆建筑成为文化创意产品的设计元素之一，开创了国内博物馆建筑自身成为亮点的先河，并衍生出一系列文化创意产品。例如，以苏州博物馆建筑为设计元素的夜光书签（如图 2-2-7 所示）。

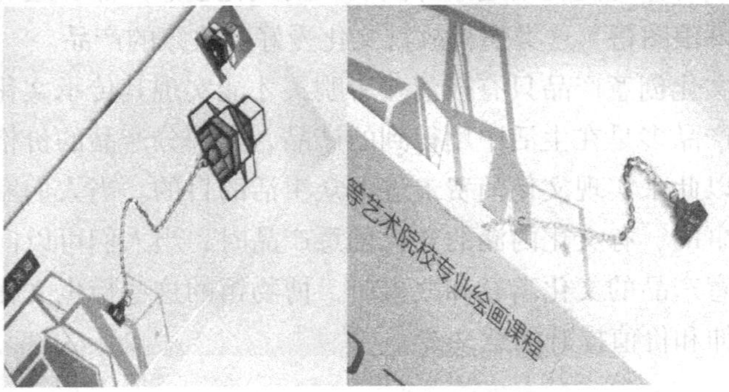

图 2-2-7　夜光书签

仔细观察苏州博物馆中的众多文化创意产品可见，其中大多是和地域紧密结合，围绕着吴门四家进行设计的。吴门四家也称明四家，分别是沈周、文徵明、唐寅和仇英，这也是苏州文化的重要名片。四人的画作对后世影响很大，也为文化创意产品设计提供了非常丰富、非常直观的视觉素材。

如果说乾隆的“带货”能力在故宫是排第一位的，那么唐寅的“带货”能力在苏州博物馆就是独一无二的。在明四家中大家最为熟悉的就是唐寅（字伯虎），虽然他的画作不是人人都能欣赏的，但是“唐伯虎点秋香”的故事大家都耳熟能详。以唐寅为文化元素开发的文化创意产品的品类都是些最为常见的明信片、笔记本、手机壳、书签、文件夹等，却也自成特色，十分实用，颇受消费者的喜爱。

也许是因为苏州本身就是座文艺的城市，苏州博物馆的文化创意产品只要和苏州的文化元素一沾边就立刻变得文艺起来。无论是沈周玉兰缂丝真皮钱包，还是明四家彩墨限量珍藏套装墨水，还是文徵明特展中的衡山杯，消费者都能从中感受到浓郁的文艺气息。虽然载体本身都非常实用，但是往往只在特定场景下才会用到。比如，沈周玉兰缂丝真皮钱包，钱包本身是实用的东西，但是缂丝的贵重让普通人用起来总是小心翼翼；又如，明四家彩墨限量珍藏套装墨水，光是四色不同的墨水名称就雅致、文艺到了极点，该产品具有染料墨水的渐变的特色，配上唐寅的“桃花一梦”信笺，仿佛使用者自己也成了桃花树下的桃花仙。

苏州博物馆销售过的最文艺的文化创意产品就是文徵明手植紫藤的种子。售卖的紫藤种子源自苏州博物馆内一棵由文徵明亲自栽种、有500年历史的紫藤树，这是其他博物馆无法模仿的“独一无二”的文化创意产品（如图2-2-8所示）。

图 2-2-8　文徵明手植紫藤和衍生的文化创意产品

虽然种子的实用性不强，但苏州博物馆卖的就是故事，消费者买的也只是情怀。每年紫藤会结出约 5000 颗种子，设计师会从中挑出 3000 颗，文化创意产品一盒 3 颗种子，每盒 25 元，每年限量 1000 份，往往在预售时便被一抢而空。文徵明作为明代画坛的领军人物，赋予这棵百年古树不一样的情怀，其种子因此便有了一种苏州文脉延续和象征的寓意，通过种子有一种思接千古的感觉，使人仿佛穿越回到《姑苏繁华图》中的那个姑苏。明四家有着说不完的故事，也有着说不完的文化元素。2019 年年初，苏州博物馆还与天猫新文化创意跨界合作"唐伯虎春日现代游"，利用苏州博物馆的建筑外观及四大才子的人物形象，以春游穿越之旅为主题，设计出以 2019 年春茶为主的文化创意产品。其有桃花流水之间、穿越时空之间、诗情画意之间、山水画卷之间四大主题，衍生出 10 款不同类别的文化创意产品。同时，苏州博物馆还精心策划了一场为期 6 天的"明代才子茶派对"，不仅有产品的体验还有场景的体验。所以说，文化创意产品并不一定是有形的，还能以"有形 + 无形"的方式存在。

在苏州博物馆众多的以茶为主题的文化创意产品中，有一款既价格亲民，又雅致有趣的茶包——唐寅茶包（如图 2-2-9 所示）。茶包上的唐寅成了一个潇洒风流中有一点呆萌的江南文人，似乎和周星驰的影片《唐伯虎点秋香》里的形象重合了。在影片中，唐伯虎有这样一句台词："别人笑我太疯癫，我笑他人看不穿。"这似乎就是众人想象中唐寅的样子。豆瓣网上的网友对于产品的评论是这样的："好可爱啊。颓废又可爱的调调，让人不忍去泡。感觉和每日的工作十分搭配。茶叶包装竟能如此萌！'江南第一才子'醉倒在茶杯中。"

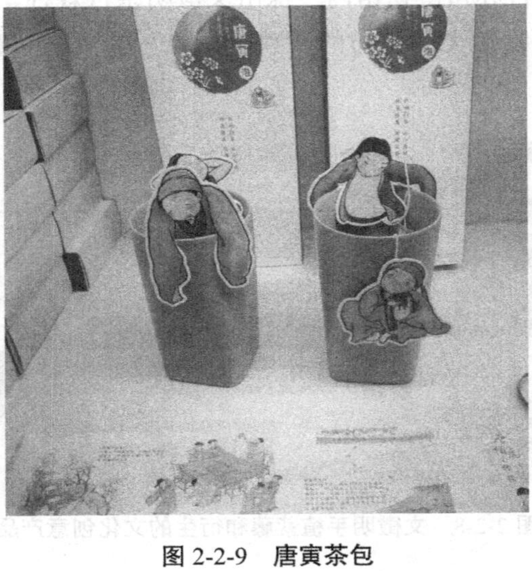

图 2-2-9　唐寅茶包

唐寅和他的朋友祝枝山、文徵明、徐祯卿同为江南四大才子，都很喜欢喝茶，并留下了不少关于茶的“茶画”和“茶字”，其中尤以唐寅的《事茗图》和文徵明的《惠山茶会记》最为出名。唐寅在《事茗图》中的题诗标志了“文人茶”的境界：“日长何所事，茗碗自赏持。”茶不仅是一种饮料，更是一种生活方式。苏州博物馆换了种文艺的方式，随礼盒附赠《唐伯虎小传》，让消费者跨越时空感受“文人雅集，醉卧风流”之趣。①

三、敦煌研究院文化创意产品

敦煌研究院是我国拥有世界文化遗产数量最多的博物馆（如图 2-2-10 所示）。如果说一般的博物馆开发文化创意产品都是为了借由载体传播文化，让文化融入人们的生活中，那敦煌研究院文化创意产品的开发就是为了原汁原味地将世界文化瑰宝“永久保存、永续利用”。

由于馆藏展品的特殊性，就算游客到了敦煌研究院也不能看到所有的石窟和壁画。为了让更多的人看到敦煌石窟的每一卷、每一幅独一无二的壁画，敦煌石窟壁画已经实现数字开发，已完成 150 个洞窟的数字化采集，120 个洞窟的结构扫描，60 多个洞窟的整窟数字化处理。

图 2-2-10 敦煌石窟

敦煌文化以及丝绸之路西段的发展历程带来以壁画、经卷、佛教、西域文化为元素的故事。而在众多的故事中，令人最想探究的是敦煌莫高窟的形成和发展过程，以及它被掩埋在黄沙中几百年后又是如何被人所发现的，这是一个有着一千多年历史的故事。这个故事通过情境融入式演出——《又见敦煌》得以重新展现，成为一种无形的文化创意产品。

有的观众甚至千里迢迢地来到敦煌只为体验一下这场演出，为何说是体验而不是观看呢？

当观众走进剧场后，在前三个场景中并没有固定的座位，而是跟随工作人

① 王受之．王受之讲述产品的故事 [M]．北京：中国青年出版社，2005.

员，随着剧情的发展走动。第一个场景有左、中、右三个舞台，当表演正式开始后，演员依次走上舞台，他们将一千多年的历史时间线串联起来组成一个完整的故事，有的是和西域或者莫高窟有关的人物，有的是莫高窟里的壁画原型，每个人物出场都会有场外音为他们进行介绍。走五十步，观众就穿越了百年，走一百步，观众就穿越了千里。在穿越中，观众可以看到张骞、索靖、王维、唐宣宗、张议潮、曹议金、曹议金夫人、悟真和尚、王道士……

接下来，观众会随着工作人员进入第二个场景。这一次，观众站在四周都是表演舞台的场地中间，这一部分主要讲述经书被卖的故事。在表演的时候，正前方的墙壁上是一个模拟石窟的舞台，几十个“石窟”布满整个墙壁，数十个飞天女神会从墙壁上飞出来。当观众还沉醉在精美绝伦的飞天表演中时，王道士便登场了，他向观众讲述经书是如何被发现又是如何失去的。前面飞天的表演有多让人心醉，后面文物遗失的故事就有多让人心碎。

王道士对着菩萨忏悔与哭诉：“你们为什么不放过我？”表演也让人读出了王道士面对经书和壁画保存时的无能为力。他也曾多次上书朝廷，却没能得到回应。因此，在这一幕中，那个导致莫高窟文物浩劫的王道士，在向象征敦煌文明的“母亲”的忏悔中得到宽恕。

再接下来，观众会进入第三个场景，上百个观众被分流到十多个不同的“石窟”中，每一个“石窟”的地板都是透明玻璃，玻璃下方和四周一人多高的墙面后都被挖空构成表演的小场景，场景虽然略有差异，但都是用来配合讲述同一个故事的—— 一个埋在黄沙下千年的故事。

公元 312 年深秋的一个早晨，一名信使带着一批信件离开敦煌，正朝西边的撒马尔罕城奔去，其中有一封妻子写给丈夫的信：“眼下这种凄惨的生活让我觉得我已经死了，我一次又一次地给你写信，但从来没有收到过你的哪怕一封回信，我对你已经彻底失去了希望，我所有的不幸就是为了你，我在敦煌等待了三年。”这是一位名叫米薇的粟特女子，在被经商的丈夫遗弃后，她和女儿滞留在敦煌。而这封信直到公元 1907 年春才被发现，可想而知，米薇的信未能送达撒马尔罕城。

当观众体验到最后一幕的时候，终于可以坐着观看前方的全息电影了。故事从西晋时索靖将军指挥三军说起。紧接着，张议潮上台，他派遣 20 队人马返唐，只为带个口信，结果只有悟真和尚一人活着抵达长安，面对城门上的天子唐宣宗，他高呼“丝路通了”！尔后，光影一转，来到玉门关，王维站在关口吟出那首《送元二使安西》。[①]

① 林艺，刘涛．区域文化导论 [M]．北京：清华大学出版社，2015.

从汉到清，敦煌的历史与遗物渐渐沉入黄沙之中。“是啊，当你俯下身去，捧起一把黄沙，故事就会在你的掌心里。拨开尘沙，又见敦煌。”这是一场普通的表演么？不，这是一场文化的创意表达，将敦煌文化以故事的方式呈现给观众，这是无形的文化创意产品。

敦煌文化和表演结合诞生了《又见敦煌》，而其与手游结合同样能带来令人惊艳的文化创意产品，如王者荣耀限定皮肤。2018 年年底，王者荣耀团队联合敦煌研究院推出“杨玉环遇见飞天”皮肤，其美术价值和技能效果堪称游戏界的顶尖作品。皮肤的设计方案均是从莫高窟中寻找到的最原汁原味的元素。比如，杨玉环的唇部采用了点绛唇，点绛唇的形式来自 161 窟（唐朝）画师采用的“点虿”之法，形成樱桃小口一点点的嘴唇造型（如图 2-2-11 所示）。

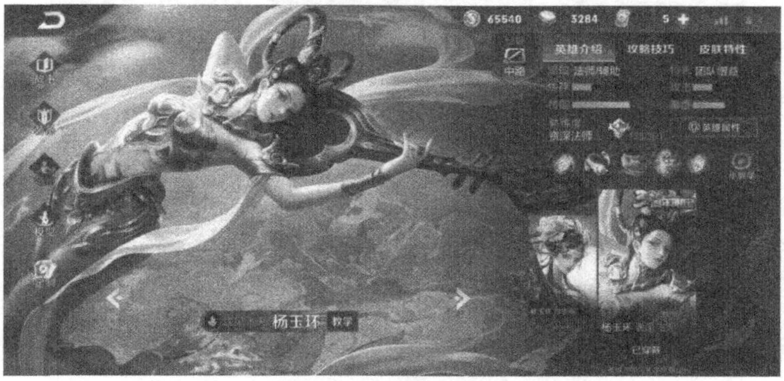

图 2-2-11　“杨玉环遇见飞天”皮肤

体验完表演，收集完皮肤，观众可以再去敦煌研究院的文化创意商店逛逛。在商店内售卖的基本上是杯子、笔记本、纸胶带等其他博物馆内常见的商品（如图 2-2-12 所示）。

图 2-2-12　敦煌研究院文化创意商店

在这些商品中，比较有特色的要数这款“壁上花开”瓷砖贴了（如图 2-2-13 所示）。敦煌莫高窟的壁画充满了静寂、神秘的色彩，带有一种西域佛教的意境和风格，巴掌大小的文化创意产品并不能很好地传达这种需要一定空间才能营造出的文化内容。而这款瓷砖贴从敦煌莫高窟的多个洞窟中提取纹样元素，借助瓷砖贴这一载体，使消费者可以根据自己的喜好装饰家中的墙面。四种不同的图案在不同的空间中，经由不同的人营造出不同的意境，每个人都可以在自己的家中“幻化”出曾经去过或者没去过的那个敦煌，不同洞窟中的文化元素通过不同的空间再次传达出敦煌文化的深刻内涵。

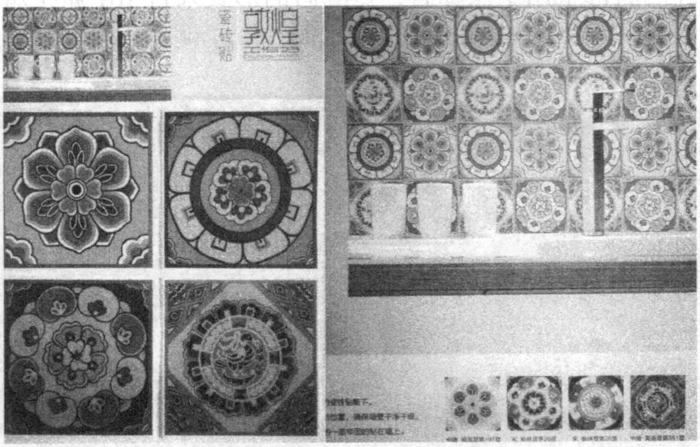

图 2-2-13 “壁上花开”瓷砖贴

这是一件能够与消费者互动的文化创意产品，是一件元素与载体高度匹配的文化创意产品，让文化的传达变得准确而简单。虽然我们可以用画册的方式替代《又见敦煌》讲述敦煌的故事，也可以用人偶娃娃替代手游皮肤去描述大唐女子的妆容，还可以用最简单的纸胶带再次描绘出洞窟中的壁画，但是从《又见敦煌》到手游中的皮肤，再到“壁上花开”瓷砖贴，每一个故事的传达方式、元素运用载体似乎都刚刚好。文化元素的载体多种多样，但是总有几个是恰到好处、无可替代的。

第三节 知识产权引导的文化创意产品

如果说，由传统文化和博物馆文物主导的文化创意产品所讲述的故事是单集精彩大片，那么基于某个文化主题所打造的文化知识产权（IP）的出现，就是要以此为元素讲述一系列的故事，IP 就是这个系列故事中的主角。

现在几乎所有的文化创意产品都在借助或者创造 IP 以延长其所衍生的系列文化创意产品的生命周期，文化创意产品几乎到了“一切皆 IP”的时代。这样的现状离不开自媒体的快速发展，大家都在借助自媒体讲故事，只要故事讲得好，各种 IP 都可以被炒作起来。网络剧、畅销书、网红等都有 IP 出现，在这之中也有博物馆的 IP。

让我们聊一下那只故宫猫，这只猫获得了 2016 中国旅游商品大赛金奖。设计师以故宫猫为 IP 衍生出一系列灵动、可爱的文化创意产品。身穿皇帝服装或宫廷侍卫服装、眼神萌萌的形象被广泛用于抱枕、水杯、手机壳、冰箱贴等日常用品之中，并且它还可以延伸到其他业态，如大电影、美术绘本等。

一、从 IP 到文化 IP

IP 究竟是什么？IP 原本是“Intellectual Property”的缩写，即知识产权。而现在它有了新的定义：特指一种文化之间的连接融合，有着高辨识度，自带流量。我们将这种长变现周期的文化符号称为“文化 IP”。因此，文化 IP 也从最早的文学、动漫和影视作品延伸到传统文化等其他领域。

除了故宫的故宫猫系列 IP 及其本身这一超级 IP 外，苏州博物馆的吴门四家、陕西历史博物馆的唐妞、敦煌研究院的飞天都算得上是各大博物馆重点开发的文化 IP。这些文化 IP 都可以在几大博物馆的天猫网店首页上迅速搜索到相应的标题或衍生的文化创意产品。

阿狸表情包、故宫的宫廷娃娃等均可成为文化 IP。文化 IP 的基础依旧是文化内容，并且各 IP 以其优质的原创内容或文化元素的重构聚合了一批初代粉丝，通过衍生成影视剧、游戏、文化创意产品等方式使粉丝群体以指数级增长，同时反哺原始文化 IP。两者形成相互支撑、相互融合的生态链条，最终文化 IP 价值得以转换、变现、放大和生态化。

二、文化是基础

在“IP”这个词刚出现的时候，有些人认为 IP 仅是一部小说、一部电影或一个人，其实这些只是 IP 的输出方式。IP 自带流量，是以具象化的形象为载体的感情寄托，不同国家的文化各不相同，因此流行的文化 IP 也会不同。

IP 形象只是外在的形式，IP 本身所包含的文化内容中的故事与元素才是基础。

高髻峨眉、面如满月、体态丰满、宽袖长裙，漫画人物“唐妞”一出现，就迅速获得了人们的喜爱。与其说人们喜爱她的外在形象，不如说人们喜欢的是以中华传统文化为魂、以唐朝侍女俑为原型打造的原创 IP 形象。以唐妞这一原创 IP 形象衍生出了各类文化创意产品（如图 2-3-1 所示）。

图 2-3-1 唐妞形象衍生文化创意产品

在 2019 年青岛国际版权交易会和蓝谷 IP 国际高峰论坛上，唐妞的创作者介绍道，唐妞的设计出于讲好唐文化故事的目的，最终从陕西历史博物馆收藏的文物中选定了唐朝的侍女俑，从中提炼元素，使其成为更可爱、更萌的 Q 版唐妞，同时也保留了中国传统国画的特色。现在，唐妞已成为陕西历史博物馆的形象代言人之一。

支撑唐妞这个 IP 形象的是唐文化，从 2019 年影视剧《长安十二时辰》的爆红，就可以看出人们更在乎影视剧背后真实的历史故事和文化。《长安十二时辰》带我们走进唐玄宗统治下国家最繁荣昌盛的时期，剧中的十二时辰环环相扣，步步惊心。而唐妞同样是有着深厚历史文化背景的，是融合西安十三朝古都历史文化底蕴的一个原创的且独特的卡通人物，以历史情感为切入点吸引消费者。如果说唐妞 IP 所衍生出的一系列文化创意产品是一个个小故事，那后续的《唐妞说丝路日记》《唐妞说长安》《唐妞说日常漫画》《唐妞说二十四节气》《唐妞说百家唐诗》就是以唐妞这一形象为故事主角开启的一系列精彩大片。可以看到这一系列的文化内容都是围绕着与唐文化相关的元素展开的，这也是唐妞 IP 衍生出的所有文化创意产品的基础。

同样是人物 IP 形象，体态俏丽、持乐歌舞、翱翔天空的敦煌飞天 IP 形象所象征的则是向往自由、勇于探索、超越自然，以及一种积极向上的美学基调。此外，飞天还包含佛教因素并蕴含“天人合一、和谐发展”的哲学思想。由飞天衍生出的文化创意产品中最吸引消费者的是其所蕴含的独特美学元素。《一带一路画敦煌》系列涂色书，全书共四册，以敦煌飞天为主题，内附半透明的硫酸纸和罕见的壁画影像。书的左页是真迹影像，可以描摹壁画，也可以在右页对应的黑白线稿上涂色（如图 2-3-2 所示）。

图 2-3-2 《一带一路画敦煌》系列涂色书

上海博物馆主打的 IP 是董其昌，其衍生出的文化创意产品主要是和书画有关的文具用品，这也是“董其昌”这个 IP 的文化来源。董其昌，松江华亭（今上海市）人，是明朝后期大臣，著名书画家，擅画山水，为华亭画派杰出代表，其画作及画论对明末清初的画坛影响甚大。以董其昌书法作品和色彩鲜明的画作局部图为元素制作而成的文化创意产品，无论是复古风纸胶带，还是真丝材质的围巾，都力求表达出一种“妙在能合，神在能离”的境界。相较于各大博物馆丰富的馆藏品而言，主题博物馆的 IP 内容就比较单一，甚至其中大部分博物馆对于自身的文化内容还没有进行相应的 IP 文化内容的重构。

桃花坞原是苏州的一处地名，位于曹雪芹笔下的“风流富贵之地”——阊门内北城下，桃花坞木刻年画曾集中在这一带生产而得名，与天津杨柳青木刻年画有“南桃北杨”之称。现在的桃花坞木刻年画博物馆依旧坐落在桃花坞，具体位置在市级文保单位朴园内。年画对于中国人来说有着浓浓的吉祥意味，桃花坞木刻年画中的桃花也具有吉祥意蕴，因为桃文化在中国传统文化中充满了吉祥的寓意，民间百姓认为桃花可以纳福避灾。在桃花坞木刻年画博物馆内也栽种了许多桃树，该博物馆内小径上有鹅卵石铺就的“福寿双全”，花园里有“和合二仙”石，此外，还在该博物馆的特定场景内对年画的贴法进行了展示。商店里的是"招财进宝""开市大吉"，寓意财源广进；客厅里的是"三星高照""八仙过海"，寓意高朋满座；卧室里的是"花开富贵""早生贵子"，寓意夫妻之间和和美美。[①]

年画常常在春节使用，只作为寓意吉祥如意的图案而出现，真正了解它们的人少之又少。例如，极少有人知道门神其实有三对组合，而且他们的故事生动有趣，又充满祝福的意味，完全可以衍生出众多在日常生活中使用的文化创意产品。可惜的是，它们被设计师忽略了。虽然它们依旧以年画图案的形式在每年春节准时"出镜"，但是，谁说年画和年画里的角色非得在春节才能"出镜"呢？也许"90后"和"00后"看到如此有趣的年画人物和图形衍生的挂饰后愿意用它们替换书包上的那些挂饰。比如，可以将八仙人物形象或者"暗八仙"的纹样（如图2-3-3所示）进行重新设计，然后以挂饰为载体，相信会受到青少年群体的喜爱。

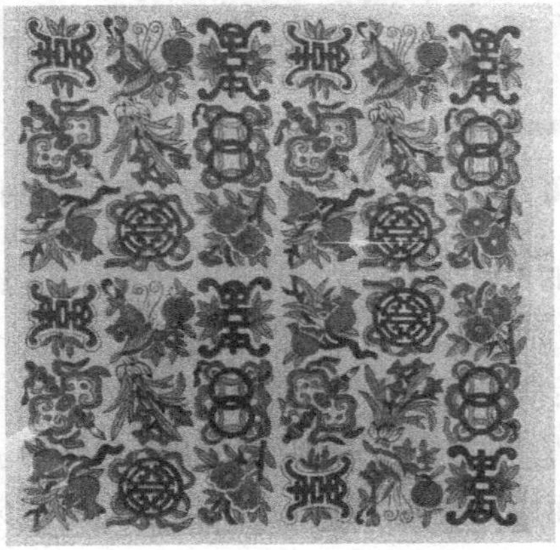

图 2-3-3 "暗八仙"的纹样

宋代朱熹《伊洛渊源录》卷三引《上蔡语录》："明道终日坐，如泥塑人，然接人浑是一团和气。"明代成化皇帝朱见深为强调皇室团结，以免萧墙之祸，特绘"一团和气"作为号召。在和气可亲之外又添进了"团结一致，和睦相处"的含义，其也是桃花坞年画"一团和气"的精髓。年画的图案中央是头戴红花，扎羊角发髻，活泼天真、憨态可掬的稚童笑脸，身穿锦团服饰，头佩"日月同春"银锁，手捧"一团和气"卷轴，给人喜气洋洋的感觉。图案整体呈圆形，寓意"团圆""圆满"，表达了人们在新春佳节中盼望家庭和睦、生活幸福、诸事顺遂的美好愿望。"一团和气"是桃花坞年画中一幅影响很深、流传很广的传统佳作，

① 郑建启，李翔．设计方法学 [M]. 2版．北京：清华大学出版社，2012.

也是桃花坞木刻年画的经典题材（如图 2-3-4 所示）。

图 2-3-4 一团和气

博物馆的 IP 可以比较容易地借助博物馆自身的流量吸引到众多粉丝，在中国传统文化中也有众多内容值得并且可以进行转化。然而目前国内大部分的非博物馆原创、与中国传统文化相关的热门 IP 基本都是以影视剧为主。

从《花千骨》到《诛仙》，众多影视剧让更多人喜爱上了古风文化，渐渐形成各种古风主题的文化 IP。关于“古风”一词，在中国古籍中是指在当时社会已经逐渐衰弱或者濒临消失的某种风俗习惯，该词在《论语》中指前朝礼乐制度背后的风俗习惯和精神风骨。由此可见，对古风文化的追求在古代社会便有，表现的是某一历史时期的人们对前朝社会文化和思想的怀念与传承。2005 年，由古风音乐逐渐发展的文化运动悄然萌生。随着传统文化的兴起与不断发展以及后来仙侠小说的风靡，由此改编的影视剧被大众所广泛接受，这一系列的发展促使古风文化的影响范围越来越广。古风文化的内容非常广泛，它主要是指以弘扬中国传统文化为基调，以传承中华民族优秀精神为支撑，以音乐、小说、诗歌、服饰、绘本、影视剧、广播剧等为表现形式，结合传统艺术、文学、语言、色彩等诸多中国元素，不断磨合发展而来的一种表现中国传统文化的文化形式。

《花千骨》《诛仙》吸引的是喜爱各种仙侠剧 IP 的消费群体，他们爱屋及乌地喜欢上了影视剧中的各种仙气飘飘的服饰与首饰，很多消费者也因此去拍摄了属于自己的古风写真。

如今，懂咖啡之艺者众多，通晓茶道者甚少。如果说古风文化还是没有把中国传统文化表现得淋漓尽致，电视剧《知否知否应是绿肥红瘦》就将我们带入了词意浓浓的宋朝，给我们上了一堂中国传统文化普及课。在这堂课中，通过点茶对茶道文化进行了简单的普及，点茶的过程非常复杂，先要将茶饼捣碎，过筛后只留下茶粉。当然在捣茶的同时不要忘记烧水，因为捣好茶后就要把烧好的水倒在茶碗里，摇一摇再倒掉，这个过程就是温盏，之后加入茶粉和水搅拌。除茶道之外，还有投壶、马球、插花、焚香，甚至曲水流觞、即兴赋诗等社交活动。伴随着这些文化活动，我们看到了精致的中国传统物质文化。这部电视剧中的中国传统文化元素非常多，是进行文化创意产品设计的巨大资源库。

三、创意是核心

靠着电视剧同款诞生的文化创意产品终究是少了几分创意，并且文化创意产品也受到了道具设计之初所蕴含的文化内容准确性的影响。文化中的故事和元素是历史的遗存，很多已不符合当今潮流，因而需对其文化重新进行解读和创意表达。

中国国家博物馆（以下简称“国博”）是中华文化的体现，馆内收藏了140余万件藏品，独家藏品有人面鱼纹彩陶盆、大盂鼎、后母戊鼎等，充分展现和见证了中华五千年文明的灿烂辉煌与血脉绵延。国博针对这些珍贵的藏品提出了“把国宝文明带回家”的理念，对其进行深度挖掘，二次开发藏品的文化内容，使文化创意产品成为博物馆展览功能与教育功能的衍生品。

国博可以开发的IP内容非常多，想让这么多的文化内容迅速走入人们的日常生活中，IP授权合作是国博选择的方式之一。馆内的众多陶器、青铜器、瓷器、书画以及基于藏品二次开发的IP资源图库，通过授权实现了馆藏文物和文化元素与品牌的对接，同时也提升了品牌的文化价值。

2018年年初，国博与肯德基合作，在国内18个城市设立了肯德基国宝主题店。17件精心甄选的国家级宝贝都被“请”进肯德基国宝主题店内。在苏州，消费者可以与《明宪宗元宵行乐图》畅谈意趣风华；在成都，可以偶遇诙谐幽默的击鼓说唱陶俑；在西安，可以与人面鱼纹彩陶盆诉说人与鱼的羁绊……人们一边吃鸡一边聊聊历史和店内的国宝主题，瞬间觉得手中的鸡腿都“高大上”了无穷倍。除了在装修上体现主题以外，经典的全家桶也华丽变身为“国宝桶”，桶的外包装上印刷了各种源自国博馆藏文物的吉祥图案，如福庆有余、万福如意、锦绣山河等。

恭王府是清代规模最大的一座王府，最吸引游客的是恭王府内号称“天下第一福源”的福字碑。该碑位于北京恭王府花园秘云洞内，碑上的福字是清代康熙皇帝御笔，所造的“福”暗含子、田、才、寿、福五种字形，寓意多子、多田、多才、多寿、多福。中华民族是一个崇尚福且追求福的民族，自古就有祈福、盼福、崇福、尚福的习俗。这也成为恭王府博物馆文化创意产品设计的重要文化元素，以此为文化 IP 内容能够吸引各个年龄段的消费者。据报道，恭王府的文化创意产品销售收入接近其总收入的 50%，这在文博业中并不多见。

为了让更多的年轻人了解和喜爱传统文化，在 2016 年，恭王府与国漫 IP“阿狸”合作，把传统文化的内涵，尤其是恭王府的福文化以富有创意的方式进行表达和传递（如图 2-3-5 所示）。

图 2-3-5　恭王府与国漫“阿狸”合作衍生品

通过文物及其衍生出的文化创意产品，消费者想要看到的是其内在的文化，并通过它们看到特定时代的风貌。《清明上河图 3.0》高科技艺术互动展演不借助文物、不通过文化创意实物产品，同样可以让消费者看到北宋城市的宏大规模与气象。这是一场别样而精致的展览，《清明上河图 3.0》展馆占地约 1600 平方米，共有《清明上河图》巨幅互动长卷、孙羊店沉浸剧场、虹桥球幕影院三个展厅，借助科技从各维度最大化地营造观展的沉浸感和互动性。

在故宫的百万件文物中，《清明上河图》有着不可替代的国宝级地位，画卷中展示了北宋时期丰富的城市生活，如连续的茶楼、酒馆、餐厅与汴河上的拱桥，人们争相外出游玩或在城内工作走动，行人中有绅士、仆役、贩夫、走卒、车轿夫、作坊工人、说书艺人、理发匠、医生、看相算命者、贵族妇女、行脚僧人，以及顽皮儿童等。

无独有偶，借助特定技术的《姑苏繁华图》也为观众呈现出一个动态的、可以互动的清朝时期苏州繁华的社会面貌（如图 2-3-6 所示）。《姑苏繁华图》以长卷形式和散点透视技法描绘了当时苏州“商贾辐辏，百货骈阗”的市井风情。

这是继宋代《清明上河图》后的又一宏伟长卷，全长1225厘米，宽35.8厘米，比《清明上河图》还长一倍多。

图 2-3-6　动态《姑苏繁华图》

但是，新技术只是创意的手段，跨界合作也只是创意的方式，文化内容始终是第一位的，因为设计文化创意产品的最终目的是传承文化和传播文化。

有了文化和创意后，想要某一主题的文化IP吸引更多的消费者，通过人格化IP形象往往可以收获粉丝能量、集聚流量。

2019年暑期上映的电影《哪吒之魔童降世》，给哪吒赋予了“我命由我不由天”的人格，很多人愿意为各种哪吒的衍生文化创意产品买单。该IP吸引人的地方不仅是电影中浓浓的中国传统文化元素、家喻户晓的《封神演义》故事以及故事和人物的创新表达，更是因为哪吒用自己“生而为魔，那又如何”的态度与命运进行着斗争。也许很多人在哪吒身上看到了自己的影子，一个不屈服于命运的年轻人的身影，为人父母的观众也因为它的贴近生活而产生共情。

同样作为故宫超级IP的故宫猫，其所代表的就是灵动、可爱，穿上皇帝服装或宫廷侍卫服装、眼神萌萌的形象被称为“大内咪探”，被广泛用于抱枕、水杯、手机壳、书包、手表和鞋等文化创意产品上。其文化IP的打造逻辑是，首先，对故宫博物院的猫进行抽象化提炼，让其具有故宫的故事性、传承性；其次，融入新的创意，完成IP的设定；最后，开发设计相应的衍生品，使其具有场景性、体验性和适配性。作为一个超级IP，它还可以延伸到大电影、美术绘本、零售品等领域。

选择故宫猫来打造文化IP，不仅是因为年轻人的喜好，更是以调研结果为指向的。故宫里的猫是故宫历史的见证者。据史料记载，从明朝开始宫中就成立了一个专门管理猫的部门——御猫房。如今，在故宫里常能看到猫的身影，它们也不怕游客，十分呆萌、可爱。这些猫身上浓缩的千年历史文化与其本身的呆萌、可爱，形成了强烈反差，就像是故宫与普通游客的距离。游客与故宫猫产生了共鸣，这样一下拉近了大众与故宫的距离，让故宫变得欢乐、有趣。

如果人格化的人气IP形象和茶饮进行跨界碰撞，一定会吸引众多的年轻人。比如，布朗熊与可妮兔各自携带的IP人格化魅力，让布朗熊与可妮兔奶茶店成为年轻人的打卡圣地（如图2-3-7所示）。年轻人除了使用表情包以外，还可以用一杯茶的方式来表达自己对布朗熊与可妮兔萌趣人格的喜爱。对于喝什么茶大概消费者并没有过多关注，至少借助布朗熊与可妮兔的人气，让茶饮走进了年轻人的生活，也衍生出众多的周边产品。

图2-3-7　布朗熊与可妮兔主题店

类似布朗熊与可妮兔的人气IP，虽然有了人格化的形象，却没有背后的文化和故事，它们的故事总是稍显单薄。如果在人格化之初让其承载更多的文化内容，加入更多的文化元素，借助传统文化的深厚底蕴，也许能让品牌的生命力更强。否则，其IP形象所衍生出的产品也只能被称为周边，而不属于文化创意产品。

基于超级IP开发的文化创意产品并不是简单的形象衍生，文化元素不仅要加上创意还要注重IP背后人格化的塑造，才能构建真正的超级IP。超级IP的建立不单单可以为文化创意产品带来丰富的创作内容，还可以向下延伸，衍生出更多形式的产品。整个IP产业链可以划分为内容层、变现层、延伸层和支撑层。从最上游的以网络文学、漫画、表情包以及传统文化为主的内容层，到中游的以电影、电视剧、网络剧、游戏以及动画等领域为主的变现层，再到包含衍生品尤其是文化创意产品、主题公园、体验馆等的延伸层，IP连接着特定主题的传统文化，让其有了各种形态的表达和传播方式。

第四节 文旅融合的文化创意产品

2019年是文旅融合元年，2019年年底，政府层面的文旅融合已经全面完成。文化是人类所创造的精神财富和物质财富的总和，并且具有一定的地理性、物质性、历史性和传承性，旅游是实现文化传承和发展的载体，文化是旅游的灵魂，文化和旅游的结合形成了一种将人文旅游、社会旅游和自然旅游等相结合的流行新形式。这种新形式不仅可以带来令人身心愉悦的美景，同时也对经典文化资源所衍生出的旅游文化创意产品的创新性、独特性提出了更高的要求。

一、乌镇

在文旅融合的背景下，除了各种主题文化乐园以外，水乡文化无疑是江南地区最吸引人的一个旅游主题。江南的古镇很多，比较有名的有同里、周庄、西塘、南浔、甪直和乌镇。当乌镇率先创新性地把自己从水乡古镇打造成文化小镇之后，它和其他江南水乡之间的差别便一目了然了。到目前为止，它是江南古镇中开发得最好的一个，也是旅游业发展最快的一个。乌镇景区已不是单纯的观光旅游景区，而是一个集休闲度假、养生养老、文化创意于一体的国际休闲文化小镇，其在完成IP重塑的同时也形成了一系列崭新的古镇旅游文化创意产品。

乌镇作为一个水乡古镇，是人们休闲度假，感受江南烟雨蒙蒙、诗情画意之景的好去处。乌镇的特色产品涵盖了衣食住行等方面，有草木染的衣物可穿、有乌镇果子可食、有乌酒可饮、有临水的客栈可住、有乌篷船可行。虽然乌镇本身可作为一个水乡古镇的“大”文化创意产品给消费者带来非常好的体验，但是具体到衣食住行的具体实物产品和其他水乡古镇的产品相比差异依然不是很大。

（一）创新特色文化创意产品

乌镇唯一区别于其他水乡古镇的文化创意系列产品是“乌镇浮鱼”。在位于西栅大街348号的沈家厅纪念品商店里，游客可以找到那条浮鱼，这是一家出售历届乌镇戏剧节的衍生产品以及乌镇特色文化创意产品的主题店铺（如图2-4-1所示）。

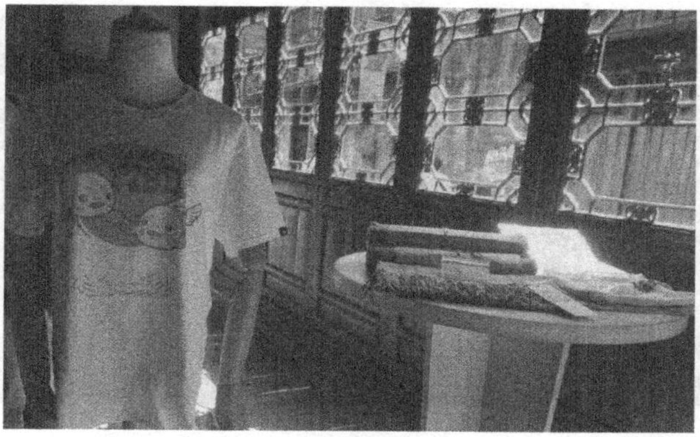

图 2-4-1　沈家厅纪念品商店

乌镇浮鱼是“大黄鸭之父”霍夫曼参考大黄鸭的设计理念设计的一件作品。浮鱼应用中国吉祥文化中谐音的表达方法，即富裕。到了水乡怎能不捕一尾浮鱼带回家，当浮鱼被制作成一系列商品之后，自然就非常受欢迎了。浮鱼这一IP 成为乌镇第一个被系列化打造的形象，其形式也衍生出 T 恤、手账本、手拎袋等文化创意产品。从浮鱼系列产品中我们可以看到，古镇文化创意产品的开发要以古镇历史文化为魂，依托一定的物质载体，将文化融入其中进行旅游开发，使文化符号化，并通过特定的符号、叙事语境形成特定的文化创意产品。

（二）延续本身的物质文化遗产

乌镇作为一个有着 1300 年建镇历史的古镇，除了结合本身的特点创造新的 IP 衍生出旅游文化创意产品之外，还可以对原有的物质文化遗产或非物质文化遗产进行旅游文化创意产品的开发。

乌镇的草木本色染坊位于乌镇西栅景区，在这里我们可以看到蓝印花布的传统印染工序，如果感兴趣，还可以在此体验挑布的乐趣，做一块自己喜欢的蓝印花布。前店后坊的模式沿用了之前乌镇人开店的模式，如果不想自己做，可以在前面的店铺中购买现成的书包与衣服（如图 2-4-2 所示）。染坊有着浓浓的江南意蕴和传统的工艺特色，从纹样设计、花稿刻制、涂花版、拷花、染色、晒干都遵循着祖辈留下的工艺流程。晒场中高高的架子上挂着的蓝白色花布在阳光下看起来很美，以此为背景拍上一张美照已成为乌镇草木本色染坊不同于其他景点的特别体验（如图 2-4-3 所示）。

图 2-4-2　乌镇草木本色染坊

图 2-4-3　晒场

乌镇也将蓝印花布的这抹蓝色打造为乌镇的一个特色。蓝印花布最初以蓝草为染料印染而成，是我国的传统民间工艺，距今已有 1300 年历史。古籍《二仪实录》中记载：“缬，秦汉间始有。”缬，是印有花纹的丝织品。在宋代，蓝印花布工艺日趋成熟；明代设有织染局，基本上垄断了织染业；直至清代，民间染坊开始涌现。乌镇是蓝印花布的原产地之一，现在乌镇是仅存不多的蓝印花布产地。悠久的历史和仅存不多的蓝印花布产地之一，值得让乌镇将其打造成自身的一个重要文化符号。各民宿门口的指示标志、小吃店内的桌布，还有阿姨头上的方巾等，在乌镇几乎随处可见蓝印花布元素。

蓝印花布的原料土布及染料均来自乡村，工艺出自民间。旧时，浙江一带的农村家家户户都使用蓝印花布，窗帘、头巾、围裙、包袱、帐子、台布等都可以用它制作，其曾是人们不可或缺的生活元素。本身非常接地气的特色使其适合被重新设计，并再次融入人们的日常生活中。在一些小店里我们也能看到以蓝印花布为文化元素设计的文化创意产品，如手账，但是这种贴图式的传达方式对于游客的吸引力不如带着土布特有质感的书包、衣物等。

除了蓝印花布，乌镇还有三白酒、花灯等物质文化遗产，与蓝印花布店铺的门庭若市相比，花灯店铺却是门可罗雀（如图 2-4-4 所示）。与蓝印花布品类繁多的衍生产品相比，花灯的衍生品很少，其依旧保持着传统的形态和功能。但是，到了乌镇的元宵节，游客一定会增加购买花灯的欲望，哪怕是在平日里，只要了解到乌镇“提灯走桥”的传统，很多游客也忍不住要体验一回。古时候，在元宵节这天，乌镇的居民会提着灯笼走过十座石桥，寓意着和过去告别，亦象征十全十美，在新年里讨个福寿双全的吉祥寓意。现在，游客可以提着灯笼，穿梭在西栅的夜景光影间，用最古老的方式提灯走桥，融入江南的水乡之中。这种行为文化也是文化创意产品设计的一项内容，同样可以衍生出各种创意满满的旅游文化创意产品。

图 2-4-4　花灯店铺

（三）延续本身的非物质文化遗产

手里提着祈福的灯笼，如果还能穿上一套精美的汉服，那便仿佛穿越回千年前的梦里水乡了。每年 10 月有乌镇的戏剧节，海内外的游客蜂拥而至，为的是体验戏剧氛围；西塘每年 11 月初都会聚集众多汉服爱好者，以体验中华传统服饰文化、礼仪文化。所以，独特的体验也是各主题乐园、各景区能够带给消费者的独一无二的文化创意产品。

随着汉服越来越流行，穿汉服出行的人也越来越多，很多人没勇气在大都市里穿汉服出门，到有着古朴建筑的古镇体验一下汉服便成了不二之选。乌镇等水乡古镇都有汉服体验店，商家还可以帮客人化妆、做造型，店里也有非常多的服装和发饰可供选择，还可以配上各种小道具，如团扇、油纸伞、绣花鞋、汉服包等。

文旅融合让人们在游览的同时不仅可以享受美景，还有了对知识的渴求。很多汉服爱好者穿着汉服走在古镇中，有时会被误认为穿了韩服，这从侧面反映了很多人对中华传统服饰的认识还不够。由于汉服价格较高，所以并不容易将有关汉服的传统文化知识进行推广，汉服体验为汉服文化的传播提供了一个新途径。

二、无锡拈花湾和东方盐湖城

如果说乌镇融合了各种文化元素，内容繁多，那么无锡拈花湾就是主题明确、内容统一的禅意文化主题景区(如图2-4-5所示)。乌镇本身有着千年的历史，文化底蕴深厚，从物质文化到非物质文化都可以进行衍生文化创意产品的开发。而国内众多的类似无锡拈花湾这样全新打造的度假小镇给游客带来的旅游文化创意产品主要集中在与其自身主题相关的各种体验类文化创意产品和实物类文化创意产品上。

图2-4-5　无锡拈花湾

（一）心灵的体验

第一类文化创意产品是心灵的体验。拈花湾的命名源于经典故事“拈花一笑”和小镇所在地形似五叶莲花的神奇山水构造。其建筑风格源自唐朝时期的建筑结构，再融入江南小镇特有的水系，打造出一个自然、人文与生活方式相融合的旅游度假目的地，让人们体验禅意生活，开创心灵度假的休闲旅游新模式。

类似的文化主题景区还有常州东方盐湖城（如图2-4-6所示）。拈花湾是盛唐佛教主题，东方盐湖城则是魏晋道教主题，虽然两者风格有差异，形式却较为相似，都是全新打造的主题休闲度假小镇。景区本身是一个“大”的旅游文化创意产品。和乌镇一样，它们给消费者营造的是一种氛围，乌镇是水乡古镇，拈花湾和东方盐湖城则分别是盛唐佛家风格与魏晋道教风格的禅意氛围。

图 2-4-6　常州东方盐湖城

（二）动手操作的体验

第二类文化创意产品是各种动手操作的文化体验，如陶艺、剪纸、抄经等，在这两个景区几乎差不多。由于道家名山茅山的缘故，在茅山脚下的东方盐湖城内体验画符会使人感到“正宗”（如图 2-4-7 所示）。

图 2-4-7　画符体验

虽然剪纸体验与画符体验都只是体验过程，但是游客在体验后都会选择把自己剪完的图案和画好的符纸带回家，前者可以作为装饰品，后者则是祈福的物品。两者都需要以实物类的产品作为载体，前者使用红纸和装裱的镜框，后者使用空白符纸和布袋。这些载体的形式并不固定，都可以成为文化创意产品设计的内容，都可以有更好的创意，从而让游客在不同景区的体验也不同。

（三）实物文化创意产品

第三类文化创意产品是实物文化创意产品，其中又可以分为两类：一类是结合景区主题文化内容衍生的产品；另一类是景区自己打造的 IP 衍生产品。东方盐湖城景区主要围绕着道教的“符”开发设计文化创意产品，主要集中在挂饰、手机壳、书签等常见的种类上，产品本身并没有结合地域特点，亦没有包含景区特有的文化符号，使文化创意产品的吸引力大大减弱。2019 年，“我就是逍遥派”首届东方盐湖城文化创意设计大赛作品征集活动启动，围绕“逍遥文化”和“东方盐湖城特色 IP”两大方向征集了众多文化创意作品，设计出体现地方旅游特色与文化创意的融合产品。相信在融入特定的 IP 形象之后，东方盐湖城的文化创意产品也会独具特色。就像乌镇的那抹蓝色，在离去后成为游客记忆中的一个重要的符号；就像拈花湾很萌的小和尚，无论在景区内还是在其官方的应用程序（APP）上都可以看到。

三、西江千户苗寨

贵州雷山县是苗族历次大迁徙后的主要聚集地，创造出了无数灿烂的苗族文化，地处雷山县东北部的西江千户苗寨便是体验苗族文化的最佳去处。在文旅融合背景下，主题景区的旅游文化创意产品通常由体验和实物文化创意产品共同营造出景区的主题氛围，传递给游客特定的文化内容。

西江千户苗寨是苗族原始生态文化保存完整的地方，由十余个依山而建的自然村寨组成，是目前中国乃至全世界最大的苗族聚居村寨，是苗族文化的活化石。朴素无华的苗寨聚集了很多苗族人家，向山上望去，吊脚楼沿着山势上升，小溪在山下蜿蜒流淌，充满了自然、安逸的气氛和独特的意韵。在这里，游客最想要体验的就是特色鲜明的民居建筑、多彩的服饰文化，以及独特的民族风情（如图 2-4-8 所示）。

图 2-4-8　西江千户苗寨

（一）独特体验的文化创意产品

一般来到西江的游客都会至少住一晚再走，一是为了体验一下住吊脚楼的感觉，二是为了欣赏西江的夜景。层层叠叠的木质吊脚楼依江而建，呈阶梯状逐级抬升，与自然和谐共融。在中国历史上有“北人穴居，南人巢居”之说。南方从巢居发展为干栏式建筑，而西江千户苗寨的吊脚楼则是其先民在山区的环境下基于传统的干栏式建筑进行的创建，从而形成了穿斗式木质结构的吊脚楼。整个房子的框架为榫卯衔接，在山地斜坡建屋不但节约耕地，还具有良好的通风、防潮效果，充分体现了“天人合一”的思想。游客通过吊脚楼可以感受到包括建筑文化在内的众多中国传统文化的内容。但是很多游客并没有过多关注这些文化内容，融合在吊脚楼中的中国传统文化被简化成居住的感觉。

“民以食为天”，这句话在西江千户苗寨也得到了印证，游客觉得最有意思的民俗体验就是“长桌宴”。苗家的长桌宴风俗已有千年的历史，是苗族宴席的最高形式与礼仪，通常用于接亲嫁女、满月酒等宴饮活动。左边是主人的座位，右边是客人的座位，主客相对，敬酒劝饮并对酒高歌。这些活动现已成为西江千户苗寨的一项重要民俗体验。在饮食的过程当中，苗族的姑娘会带着自己的酒来敬客人，游客在这里会吃到苗族特有的美味，感受到苗寨里人们的朴素与热情。

如果说水乡古镇和汉服搭配，那么西江千户苗寨则更搭配苗族服饰。很多游客都会在观景台上穿上苗族服饰和身后的苗寨全景来个合影（如图 2-4-9 所示）。

图 2-4-9　苗族服饰和苗寨全景

虽然在很多游客的眼中苗族服饰只有一种，但其实苗族服饰有 130 多种形式，并且不同区域的苗族服饰也各有差异。湘西方言苗区和黔东方言苗区喜好银饰，黔南某些地区苗族喜好贝饰，而西部方言区苗族服饰则少银饰。在苗族的服饰上还可以看到许多传统工艺，如苗绣、蜡染、银饰工艺等。一套真正、完整、精致的苗族服饰的做工是非常复杂、耗时的，其售价也是颇为昂贵的，我们能从整套服饰中进一步了解苗族的文化和服饰传统工艺。

（二）基于传统工艺创新的实物文化创意产品

苗族的蜡染工艺已有千年历史，与乌镇的蓝印花布相比，两者的印染材料和工艺都有所差异。蜡染工艺首先要将自产的布用草灰漂白洗净，然后用煮熟的芋捏成糊状涂抹于布的反面，待晒干后用牛角磨平、磨光。接着，以白布为画面，把蜂蜡融化，以铜刀蘸蜡作为“画笔”，绘制出各种美丽的图案。之后是浸染，将画好的蜡片放在蓝靛染缸里，五六天后取出晾干便得浅蓝色，再放入染缸浸泡数次便得深蓝色。如果想要在织物上同时出现深浅两色的图案，可以在第一次浸泡后，在浅蓝色上绘蜡花后再浸染。当蜡片放进染缸浸染时，有些蜡封因折叠而损裂，于是便产生了天然的裂纹，一般称其为“冰纹”。最后经过冲洗、清水煮去蜡质、漂洗后，布上就会显出蓝白分明的花纹。在西江千户苗寨的很多店铺中都可以买到蜡染的布艺产品，也有体验蜡染工艺的店铺，但是当蜡染工艺脱离苗族服饰文化后，便失去了本民族的特色。因为脱离了民族服饰这一载体后，大部分产品并没有经过创意设计，并且蜡染工艺并不是苗族所独有的，这也导致制成的服饰和背包的吸引力下降。

银饰也是苗族服饰的重要组成部分，苗族银饰的加工是以家庭作坊内的手工操作完成的。银匠会根据需要先把熔炼过的白银制成薄片、银条或银丝，利用压、刻、镂等工艺制出精美纹样，再焊接或编织成型。为何苗族银饰制作多是家庭作坊呢？因为苗族有着“以银为结，以银为彩，以银为荣，以银为贵”的信念，苗族人一生用银极多，即使是在不断迁徙的时代，苗族人也在手脚、双耳等处佩戴适量的银饰以求长命富贵，驱鬼辟邪。苗族银饰艺术始于巫术图腾活动，其所具有的意义已经不单在于装饰，而且有了趋吉避凶的内涵。

苗族银饰自明代盛行至今，已有400年历史，是苗族人生活中最为重要的器物，也是青年男女的定情信物。但是，走在西江千户苗寨中，我们可以发现苗族银饰的不同于表层装饰性的内涵并没有被用来进行衍生文化创意产品的设计和推广。

在西江千户苗寨的中心有一座西江千户苗寨博物馆，其中向人们展示着苗族发展史，成为研究苗族传统文化的平台。在博物馆中，游客可以了解到苗族的图腾崇拜，而这些图腾是银饰等工艺图案的重要组成部分。在苗族古老的歌曲中，传说是枫木生了蝴蝶妈妈，蝴蝶妈妈又生下了十二个蛋，由鹡宇鸟孵化出苗族的祖先姜央和他的十二兄弟。也许西江的蝴蝶可以像乌镇的浮鱼一样，通过重构设计来对自身丰富的物质和非物质文化进行表达和传递，成为西江千户苗寨的一个文化符号。同时，西江的建筑也可以和乌镇的蓝印花布一样成为西江千户苗寨特有的文化符号。

与乌镇、拈花湾等统一打造的景区不同，西江千户苗寨中多是个人开设的店铺。店主都是靠着本民族的传统手艺开设店铺的，或者利用自家的房屋经营民宿，因此，几乎所有的产品都存在包装简单甚至没有包装的现状。如果只是游客自己消费并没有什么问题，一旦作为伴手礼赠送给亲朋好友就不合适了，并且被赠送的人可能并没有来过当地游览，如果有包装，那么包装上的文字说明也能对文化创意产品本身所包含的文化元素起到介绍的作用。

在西江千户苗寨景区内有一家制作米糕的店，虽然米糕算不得美味，也算不得是西江最有特色的文化元素，但是从米糕本身到包装，再到店铺形象的创意设计，使米糕在作为伴手礼的时候打上了西江的印记，让西江千户苗寨的文化内容得到了有效传播。

在离开西江千户苗寨景区的乘车点处还有家网易严选雷山体验馆，店内售卖的不少商品都是西江千户苗寨的特产，如茶叶、银饰、蜡染等。虽然产品的设计创意并没有很出彩，但是讲究的包装还是非常打动游客的（如图 2-4-10 所示）。

图 2-4-10　西江千户苗寨景区乘车点处的网易严选雷山体验馆

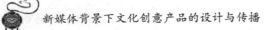

文化是旅游的内核和灵魂，旅游是文化的载体也是感受和体验文化的过程。在文旅融合的背景下，我们在为特定的主题景区进行文化创意产品设计时一定要把结合地域特色放在第一位，为其找到独特的文化符号，不要把文化创意产品的形式局限在实物形态。另外，包装也是文化创意产品设计的一部分。

第三章　文化创意产品的定位、设计原则与方法

文化与产品的创新设计是文化创意产品发展的关键因素，本章从文化创意产品的定位入手，对文化创意产品的设计原则、文化创意产品的设计方法进行研究与阐述。

第一节　文化创意产品的定位

一、消费者角度的文化创意产品

创意产业是人们的需求结构从低层次向高层次发展，即从物质需求向精神需求转变的过程中，从制造业与服务业中将服务于人们精神层面的产业分离，组合而形成的新型产业。

从根本上来说，需求是影响文化创意产品划分范畴最重要的因素，即经济学中所说的价格与需求的关系。因为有着不同层次的需求，文化创意产品才存在不同的价格，市场才能发展得越来越完善，因此文化创意产品范畴可以根据消费者的需求来划分。

影响某种商品需求的因素，除了其自身的价格以外，还有以下一些主要因素。文化创意产品作为商品，同样受这些因素的影响。

①消费者的收入。一般来说，在其他条件不变的情况下，消费者收入的高低不同，对商品的需求量也会有所差别。消费者的收入越高，对商品的需求就越多；反之，则越少。但随着人们收入水平的不断提高，消费需求结构也会发生变化，即随着收入的提高，消费者对不同产品的需求比例也会发生变化。经济学把需求数量的变动与消费者收入同方向变化的物品称为正常品；把需求数

量的变动与消费者收入反方向变化的物品称为劣等品。

②消费者的偏好。当消费者对于某种商品特别喜爱时，消费者就会增加对该商品的购买量；反之，当消费者对该商品喜爱程度不高时，消费者就会减少对它的购买量。所以，消费者的偏好是影响商品需求的又一大因素。

③相关商品的价格。一般来说，当消费者想购买的商品价格未变，而与之可以相互替代或者相互补充的商品价格发生变化的时候，商品的需求量也会随之发生变化。例如，当消费者所需商品的替代品价格提高时，所需商品的需求量就会上升；反之，需求量就会减少。如果所需商品与其他商品是互补关系，如汽车与汽油、影碟与影碟机等，那么当互补商品价格提高时会引起所需商品的需求量减少；反之，当互补商品价格降低时就会引起所需商品的需求量增加。

④商品的价格趋势。当消费者对某种商品的未来价格预测会上升时，就会增加现阶段对该商品的需求量；当消费者预测某种商品未来价格会下降时，就会减少现阶段对该商品的需求量。以黄金为例，在一段时间内，黄金价格猛涨，大量的消费者争相购买，掀起了一股黄金购买热潮；但是在热潮退去之后，黄金价格出现回转，就很少再有消费者大量购买黄金了。除此之外，房地产行业也是如此。如果未来预期房价升高，消费者会增加购买量，如果未来预期房价下跌，消费者就会减少购买量。

除了以上影响因素以外，还有很多因素也会影响消费者对商品的需求，如人口的数量、结构和年龄，以及政府的消费政策等。只有消费者有了一定的需求之后，商品才能够销售出去。

以上是影响消费需求的因素，而社会的发展也可以在不同程度上影响消费需求。在社会发展的不同阶段，消费者对商品的需求也有着不同的侧重点，商品设计者就需要根据商品价值构成要素以及各种要素在商品中的重要程度来进行区别。例如，在我国计划经济体制下，商品长期短缺，消费者把获得商品看得比商品的特色更为重要，因而消费者购买商品时更看重商品的耐用性、可靠性等性能方面，而对商品的花色、式样、特点等很少考虑。在商品日益丰富、人们生活水平普遍提高的今天，消费者往往更为重视商品的特色、个性和质量，如要求商品功能齐备、质量上乘、式样新颖等。在同一社会发展时期，不同类型的消费者对商品也会有不同的要求。不同的消费者在购买行为上会因为个性的不同而表现出不同的需求。

这就要求企业必须认真分析不同经济发展时期消费者需求的共同特点，以及同一发展时期不同类型消费者需求的个性特征，并据此进行商品的开发与设计，增强商品的适应性，从而为消费者创造具有更大价值的商品。

二、管理者角度的文化创意产品

管理者在团队中是一个统筹的角色，其在团队中的作用不仅是监管，还要保证团队能正常运作。文化创意产业的管理者根据切入点不同，有着不同的定义。

管理者对于一个企业来说就是领导者，而在文化创意企业中，管理者的职能就体现在对文化创意产品的设计、产出、销售等方面的统筹上，一个好的管理者对文化创意产业的发展起着至关重要的作用。区域文化创意企业管理者对文化创意产品的需求，更多是从“是否能代表区域文化”“是否能充分展现文化内涵”等方面进行考虑的，这个层面的管理者更注重从宏观角度出发，考虑文化创意产品能够带来的深远影响。文化创意企业管理者还更注重从文化创意产品上发现行业的活力以及发展前景，希望文化创意产品能够引领潮流，获得大众的认可和喜爱。

不同层次的管理者对文化创意产品销售的各个环节将产生不同的影响。根据企业管理者在企业中的职责分工及定位，下面将从初级管理者、中级管理者、高级管理者三个层次展开分析，探讨管理者与文化创意产品之间的关系，并准确找到不同层次管理者所需要的文化创意产品。

（一）初级管理者所需的文化创意产品

初级管理者的职能是执行、指导、控制，往往考虑的是文化创意产品的营利性。商家在从事商业活动的过程中，最根本的目的就是营利，营利是促使商家从事项目运作的根本动力。所以一些商家在初期往往会选择快速变现的途径，即在短期内实现资金回流，有的会在薄利多销上下一番功夫。如我们在生活中时常看到的街上两元、十元起价的商店，虽然有的商品和大超市里一样，但由于价格上的优势，不少人也会选择在两元店、十元店内进行选购。

同样的道理，初级文化创意企业管理者也会将文化创意产品“低价贱卖”，采取薄利多销的手段，以数量来提升收益率。在一定程度上，他们更需要生产一些成本较低的文化创意产品，因为只有这样，他们才能达到赢利的目的，同时也能推出更多的文化创意产品。因此，初级文化创意产业管理者所需要的文化创意产品应该是制作成本较低，但是具有一定新意，尤其是具有地方特色，销售价格不能过高，制作精良的文化创意产品，这才能符合初级管理者对文化创意产品的需求。

（二）中级管理者所需的文化创意产品

中级管理者的职能是计划、指导、控制。在文化需求方面，中级管理者相对于初级管理者来说需要就更多了。中级管理者在平时工作中既要满足上级领导对文化创意产品的要求，又要有能力组织与管理下层员工，中级管理者在初级管理者与高级管理者之间起到了桥梁的作用。对于中级管理者来说，他们的客户人群更多地集中在中级消费人群里面，因此就不能只满足于商品能够销售出去，还要注重文化创意产品的美观性。中级管理者所需的文化创意产品必须要有一定的文化内涵与特征。从中级管理者角度来说，文化创意产品要既可以作为某个地方或某个公司的纪念品，也可以作为商品推向市场。以东方密语店铺为例，东方密语是甘肃博物馆的文化创意销售商店，在东方密语可以购买到很多有特色的文化丝巾。这种丝巾不仅可以单独售卖，还能够批量销售，这样具有文化特色的文化创意产品可以作为赠送亲朋好友的礼物。这就是中级管理者所需要的既让大众能够消费得起，又具有一定文化内涵的特色文化创意产品。

（三）高级管理者所需的文化创意产品

高级管理者的职能是决策、指导、控制。高级管理者最看重的是文化创意产品的创意，在组织当中，他们是智囊团的成员。同时他们对于文化创意产品的专利申请方面也有着更加清晰的保护意识。在文化创意产品的生产、设计直至销售的全过程中，他们格外关注自身文化创意产品能否在文化市场上具有强大的竞争力。高级管理者不同于初级管理者，他们不会采用“薄利多销”的销售方式，他们更多的是关注企业高端产品的生产以及企业文化品牌的建立。同时，联络高级消费者、销售高端产品也是高级管理者的职能之一。除此之外，高级管理者也是企业发展方向的领导者，必须要正确引领自己企业的发展方向，拓宽企业的发展路径。

高级管理者对应的就是高级消费者，如何满足高级消费者的私人订制需求，将文化创意产品赋予更深层次的文化内涵，是高级管理者需要文化创意产品所包含的内容。高级管理者所需要的文化创意产品是高端私人订制，且富有文化内涵的产品。

三、设计者角度的文化创意产品

设计者就是文化创意产品的核心所在，没有设计者就没有文化创意产品的存在，是设计者将文化创意产品带给了大众，也是他们将产品赋予了文化创意的内涵。设计者对文化创意产品的解读不同，文化创意产品的种类以及造型也会有很大的区别。通过设计者的设计展示，可将产品以二维、三维，甚至是四维的设计方式展现在大众眼前，使之获得最直观的感受。文化创意产品设计分为很多种类，如按设计产品的色彩、样式来划分等。此外，我们还可以从作品的效果角度来划分，可将设计分为三种不同的维度，分别为二维、三维、四维。在不同场景之下，文化创意产品的制作效果是完全不同的。

（一）二维设计角度的文化创意产品

二维设计也称作平面设计，是以平面空间为载体的设计活动，涵盖的范围很广泛，包括海报、样本装帧、书籍设计、视觉形象、画册等。只要是在二维空间内进行的设计都属于平面设计的范畴。最常见的二维设计角度的文化创意产品就是平面广告。在广告与设计方面，设计者借助二维设计展示品牌、产品、活动等。想要品牌、产品获得更好的宣传，使大众能更直观地感受到文化的核心内涵，文化创意不可忽视。通过文化内涵对产品进行包装，可以此来设计出一份别出心裁的广告。

除了平面广告之外，还有很多较为简单的“贴图产品”也是二维设计角度的文化创意产品。二维设计角度的文化创意产品是平面的，也是现今文化创意产品中最为常见的形式。二维设计通过最简单的平面图形设计，将文化创意产品大众化，使其成为大众消费品，以此来推动文化创意产业的发展，丰富文化创意产品的种类。常见的二维设计角度的文化创意产品有直接对图形进行简单的处理后，将图形印在手机壳、钥匙扣等文化创意产品上的。这类文化创意产品往往具有成本低、销售好、可直接利用的特点。

（二）三维设计角度的文化创意产品

三维设计是新一代数字化、虚拟化、智能化设计平台的基础。它是建立在平面和二维设计的基础上，让设计目标更立体化、更形象化的一种新兴设计方法。三维设计在作为文化创意产业一部分的游戏产业中发挥了巨大的作用。

三维设计将文化以立体的形式展现给大众，如受众多是二次元爱好者的手办等文化创意产品就是对二维动漫人物的三维设计。设计巧妙的三维产品不仅具有独特的文化内涵，更有相当大的收藏价值。三维设计角度的文化创意产品通过具体的形象，增加了文化创意产品与消费者之间的联系。

（三）四维设计角度的文化创意产品

如今，四维设计已经慢慢走进了人们的视野当中，各个行业都在朝着更新的领域前进。文化创意产品也要紧跟时代的发展步伐。虽然现在的四维设计非常少，但是随着四维设计的普及，文化创意产品将会越来越全面地考虑整体的效果，改善消费者的体验感，不仅仅是要将文化创意产品销售出去，更重要的是要开创四维设计时代。

2019 年暑期大火的动画电影《哪吒之魔童降世》，就是四维设计的典型应用。画面、人物、剧情的设计都经过了反复的修改、斟酌，观众通过精致的画面、生动的人物形象、精彩的剧情获得了精神上的满足。四维设计不仅仅在动画电影行业，而且在文化创意产业的很多领域都能够给消费者带来一种切身的体验感，增强消费者的代入感。

在不久的将来，四维设计将走进更多的行业。四维设计角度的文化创意产品发展也将越来越成熟，给消费者带来的体验也会越来越丰富，吸引更多的文化创意爱好者加入文化创意产业，同时为文化创意产业的发展拓宽道路。

四、创新角度的文化创意产品

创新是指人类所特有的认识能力和实践能力，是人类主观能动性的高级表现，是推动民族进步和社会发展的不竭动力。一个民族要想走在时代的前列，就要时刻保持创新思维，不能停滞不前。创新在经济、技术、社会学以及建筑学等领域的研究中具有举足轻重地位。创新与文化相结合造就了文化创意产业。在现有的文化内加入创新元素，对创新后的文化创意产品进行生产、售卖，逐渐形成一个产业链，这就是文化创意产业的形成过程。在此过程之中，核心就是创新，只有将创新层面做好做强，才能够带动文化创意产业的发展。创新是分程度的，不同程度的创新所带来的文化创意产品的价值也是不同的。文化创意产品的价值有所不同，文化内涵也会有一定的差异。文化创意产品的创新程度反映的是设计者对该文化元素的解读与提取能力，对一个文化创意产品的文化内容解读得越透彻，所进行的文化创意就会越深入，就越能体现出文化创意产品的文化内涵与设计者的创新能力。目前，创新的程度可以划分为三个层次，即基础改良、初步创新和全新原创。

（一）基础改良的文化创意产品

基础改良即在原有产品之上，进行简单的加工与设计（局部创意），或者直接进行“复制粘贴”式的加工。在文化创意产品市场上，大多数的文化创意产品都可以见到局部创意的影子。例如，一把扇子，为了增加其独特性，设计者会在扇子的美观性、实用性上下一番功夫，无论是在扇尾加上一些小的精美原创挂件，还是在扇子四周加上羽毛等，都属于对扇子的初步加工，即局部创意。“复制粘贴”式的加工主要运用在将某个现有图案印在手机壳、钥匙扣上，只进行放大、缩小或简单的叠加变形，使图案更适合于制作文化创意产品。目前一部分订制产品也属于基础改良的产品设计，如将公司标志印在一些办公用品上，这样可以增加普通产品的独特性，而且制作成本低，能够满足一般公司的需求。基础改良是文化创意产业中最基础的创作，只需要在基础的图案、图形上面加入少许创意元素，这样设计的文化创意产品只有极少部分的创意，却能够大规模地生产，销售价格也较为低廉。这也是初级管理者所需要的文化创意产品，因为制作成本不高，适合薄利多销的销售模式。

（二）初步创新的文化创意产品

初步创新就是在基础改良的基础之上，对文化创意产品进一步创新。初步创新大部分是在保留产品原有文化元素之后所进行的创新，但是它的创新部分是十分有限的，介于基础改良与全新原创之间。初步创新不要求设计者有多么丰富的想象力与强大的创造力，只要求设计者能够让产品与文化元素之间有一定程度的融合。比如，将一个杯子赋予文化元素，那么就需要将该文化元素与杯子相结合，这里的结合并非指单一的“贴图”或直接利用，而是需要设计者将该文化元素提取出来，选取有用的部分，通过色彩、造型等让大众感知这个杯子所包含的文化意蕴，这一过程就是初步创新的过程。简单的原创贴图也属于初步创新的文化创意产品范畴。如今很多的文化创意产品都属于初步创新阶段的产品，初步创新的文化创意产品是能满足大多数消费者的需求的。

目前，大多数初步创新的文化创意产品都是结合自身民族的特点与区域的特色文化，依托设计进行的初步创新。这样的文化创意初步创新适用范围较广，能够为文化创意产业带来很多消费者。

（三）全新原创的文化创意产品

全新原创对设计者自身能力的要求是极高的，它要求设计者必须具备丰富的想象力和较强的创造力，二者缺一不可。设计者如果光有不切实际的想象，创造不出实际产品是不行的，天马行空的想象最终也要靠创造出实物来体现文化的价值和意义。能创造出产品，但是内容却缺乏想象力，没有新意的话会导致产品没有灵魂。目前我们国家全力支持原创文化创意产品开发，不断地完善知识产权保护法，保护设计者的创意，给予原创作者新鲜的养分，为文化创意产品保驾护航。

全新原创的文化创意产品要求设计者从一开始就要有全新的、富有创造力的想法，将头脑里虚构的想法与现实相结合，并最终定稿，再运用到现实文化创意产品设计中。全新原创尤其需要注意的是设计要源于生活，对于创意来说，创意是可以高于生活的，却不能完全脱离生活。每一项原创设计的最终成品，只有得到人们的认可，被市场所接纳，才能算得上是一套完整的创意设计。如设计一款表情包，人物形象需要由设计者自己想象设计出来，人物的动作、细节都需要设计者考虑到位，同时，表情包的设计又不能脱离生活实际而存在，否则没有人会使用这一款表情包。设计者在进行全新原创时，不仅仅要考虑自身的创意点，也需要考虑大众的接受度。

第二节 文化创意产品的设计原则

一、以市场为导向的原则

市场导向原则强调以市场需求为出发点，不是有什么想法就开发什么产品，而是要与市场相结合，开发市场所需要的产品。当然，在设计文化创意产品时，设计师应该辩证看待市场导向和文化内涵，设计出兼具文化内涵和符合市场导向的文化创意产品。

20 世纪 50 年代以来，在西方发达国家随着买方市场的出现而产生了现代经营思想。经过数十年来的更新和迭代，该理念已成为当代市场营销学的主线。该理念认为，消费者需要什么产品，企业就生产什么产品，销售什么产品。在这种理念的指导下，企业的出发点不是以现有产品去吸引消费者，而是从市场需求出发，规划产品的生产和销售环节。企业的主要目标不是单纯追求销售量的短期增长，而是把眼光放在长远地占有市场份额上。在这种理念的指导下，目前的企业对于市场调研结果十分重视，每个企业都试图在不断发展与变化的市场之中寻求没有被发现和填满的空白地带，之后再研发新的产品，通过制定价格、渠道、销售的策略去占领市场的空白地带，满足市场和消费者的需求。企业就是通过这种方式去占领市场的销售份额的，以达到长期盈利目标。

在市场经济机制的调节下，文化创意产品需求和文化创意产品供给是通过市场这一环节联系起来的。市场对于文化创意产品的需求和文化创意产品对市场的供给是在一个体系中的，这两者之间的关系既是矛盾的又是统一的，正是这种关系促进文化创意产业的发展，成为文化创意活动发展的动力，也就是说供需关系这种经济活动的基本矛盾是促进供需两者之间的经济联系、发展、变化的重要因素，也是经济活动的主要内容。要想平衡供需之间的关系、缓和供需之间的矛盾就需要通过市场运作进行协调。文化创意产品整体的结构平衡就是供需结构的平衡，要想使文化创意产业得到良好、平稳的发展，就需要保证文化创意产品结构的平衡。

文化创意市场瞬息万变，其中，消费者的需求在变，竞争对手的策略也在发生变化，与文化创意产业相关的制度与法律也随之完善，这也说明文化创意产业相关的企业也在不断发展。一个文化创意企业是否能够在市场之中生存并发展下去的关键取决于该企业是否能够适应文化创意市场发展与需求的多变。所以，文化创意企业的发展导向必定是市场，企业需要具备及时调整自身、合理调配资源的能力，要善于发挥自身的长处，跟进市场的变化及时进行营销活动，制定出适合自身发展的市场营销战略。市场营销战略关系到今后相当长一段时间内文化创意企业的发展目标，是文化创意企业市场营销计划的重要依据。因此，市场营销战略正确与否，对文化创意企业的兴衰成败而言具有举足轻重的作用。若一个文化创意企业的市场营销战略错误，无论文化创意的具体行动方案多么细致、多么全面，销售队伍多么强大，也会在激烈的市场竞争中迷失方向，对企业的生存和发展构成威胁，甚至被竞争对手所击败。第一财经商业数据中心发布的《2018 中国原创设计创业与消费报告》的数据显示，“80 后”偏好对联、贴纸、台历、红包等以实用为主的文化创意产品；而“95 后”则偏好手链、项链和吊坠等文化创意产品，认为提升品质更为重要。所以，文化创意产品品类的设计也应根据市场需求进行调整。

二、突出差异化创新的原则

差异化设计实际上就是一种设计创新，设计师要让自己的作品具备差异化特征，就必须从多个角度展开分析、加强判断、深入思考。运用目标市场定位策略对客观存在的不同消费者群体，根据不同产品和消费者的特点，采取不同的设计创新方式。通过市场调研分析，依据消费者划分不同群体，从而对产品品类进行细分定位，是产品创新的重要方法。根据市场需求的多样性和消费者行为的差异性，可把整体市场即全部消费者和潜在消费者，划分为若干具有某种相似特征的消费者群体，以便选择和确定设计策略或方法。定位分类方法可从以下几个方面进行。

①地域创新。地域文化扎根于特定的地域生活环境之中，有着长久的积累和深厚的精神基础，根据不同地域环境的变化情况，结合设计方法将地域特色

文化融入产品设计之中，可使产品具有地域性特征。文化创意产品设计凝结了各地的地域文化，在文化传播和产品设计中保持地域文化特色，是实现文化创意产品差异化创新的方向之一。

②产品品类创新。这指的是设计出不同质量、不同风格、不同规格的同种类产品，以此来满足不同的消费者需求。企业在设计文化创意产品的时候不仅要做到创新，还要注重产品的品牌化、系列化导向，设计统一的产品形象，进行有针对性的主题设计。

③消费群体差异化创新。这指的是企业在了解了不同消费者的消费需求和心理需求之后，对产品进行差异化设计，实施差异化模式。企业经过调查和统计之后能够对消费者群体进行划分，从产品的开发设计方面进行调整，最终实现产品的多样化和个性化。

④消费手段差异化创新。这指的是对营销手段进行差异化设计，不停变化营销方式，将产品的创新点和优势通过差异化的营销方式展现给消费者，刺激消费者的购买欲望。这种营销手段能够让消费者在进行消费时进行差异化消费，给予消费者特有的消费回报，并能够在市场竞争中取得优势。

三、兼顾美观与实用的原则

随着社会的发展，现代人对于审美的品位和对于美的需求呈现出多元化的趋势，这就导致了人们要求产品不仅要有功能性，还要有美观性。人们总是感觉设计较为美观的产品会比设计普通的产品更加好用，无论实际上是不是这样，这种美观的实用性作用已经在多个实验项目中被发现，并且对于产品的外观设计以及功能设计等方面产生了很大的影响。

一个产品拥有美观的设计会让其看起来更加具有实用性，无论实际上该产品是否真的更加实用，但是更加实用却缺少美观设计的产品往往受到消费者的冷落，这引起了关于产品实用性问题的争议。这些观念在美学设计上和在美学设计方法的使用上都产生了很大的影响。

一个美观的产品不仅要让消费者的审美需求得到满足，还要让消费者产生“美观的产品更加实用”的感受。所以，企业在设计文化创意产品时，就需要基于消费者的感受，对消费者的心理喜好进行细致的调查，整理归纳出消费者的美学需求，再与文化进行结合，设计出既符合消费者审美，又符合当下市场需求的产品。目前市场上有很多文化创意产品的设计仅仅达到了美观的标准，而忽略了产品的实用性，这种产品使消费者对于部分文化创意产品产生了“中看不中用”的看法。也有一些文化创意产品在保证其实用性的基础上采用与品牌合作设计联名款的方式提升了消费者对文化创意产品的信赖程度。例如，百雀羚的生产商与珠宝设计师钟华合作，推出一款带有浓郁中国风的梳妆礼盒。这款文化创意产品所具有的精致的中国风受到消费者的广泛追捧。

四、坚持绿色环保的原则

美国著名的设计理论学者维克多·帕帕奈克于20世纪60年代出版过一部名为《为真实的世界设计》的著作，该著作一经面世便引起了很大的讨论热潮。该著作指出了设计师在社会中所具备的社会价值和伦理价值。20世纪80年代，在全世界范围内出现了一种国际性的设计观念，此时的人们已经意识到地球的生态环境正在失去平衡，人类发展过度开发和破坏了自然环境，从这时开始，设计师开始意识到环境保护和可持续发展的问题。

从产品设计的角度来说，设计师在设计之初就需要考虑到生态平衡的问题，在设计过程中，每一个设计决定都要考虑到人与生态环境的关系，要维持自然环境的效益，减少对生态平衡的破坏。设计需要减少有害物质的使用或者排放，并且尽量使用能够循环利用或者再生利用的零部件进行生产。这就需要设计师带着对生态环境保护的观念去进行产品设计，设计简洁、耐用的产品，提升产品的使用寿命。

五、遵循系统分层的原则

文化创意产品的设计需要遵守多层次、系统化的设计原则。因为消费者的需求是多种多样的，其年龄、性别、爱好、性格、文化背景等因素都会对其需求产生影响，因此单一的产品是无法满足广大消费者多种多样的需求的。企业和设计师应该在设计文化创意产品时准备多种设计方案以满足不同消费者的不同需求，并且要设计不同规格、不同价值和不同档次的文化创意产品。

①高档文化创意产品设计。首先，要注重对文化创意产品品牌的塑造，提高文化创意产品的文化内涵和消费者的审美品位。其次，可保留手工精湛的工艺技巧痕迹，凸显文化创意产品的材质美。最后，在包装上应联系产品主题，传达文化神韵。此类文化创意产品价格定位较高，但不一定是企业主要的盈利产品。

②中档文化创意产品设计。其应考虑消费者对文化创意产品的内心情感需求、精神需求，最终创造出充满趣味的文化创意产品。以西瓜为元素的系列文

化创意产品开发，强调文化创意产品在造型、纹样、颜色上的再设计。

③低档文化创意产品设计。在保证文化创意产品质量和文化创意产品独特性的基础上，对文化创意产品进行批量生产，同时选择价格低廉、容易加工的原材料是在满足消费者需求的同时保证文化创意产品低廉价格的重要方式。在保证低廉价格的同时，文化创意产品在设计时还需要注重系列化的开发以满足消费者的购买需求。现在的市场经济是以需求为导向的，单一化的文化创意产品已经无法维持较长的生命周期，文化创意产品必须要进行系列化开发。文化创意产品进行系列化开发能给予消费者更多的选择，刺激消费者的购买欲望，强化文化创意产品自身在市场上的竞争力，以适应市场的多元化进程。

第三节　文化创意产品的设计方法

一、文化创意产品常用的设计方法

（一）头脑风暴法

“头脑风暴”最早出现在精神病理学研究中，指的是精神病患者出现精神错乱的状态。之后，“头脑风暴”一词被用于进行没有限制的自由想象和讨论，其目的是激发出新的想法和创意。

运用头脑风暴法，给定中心词，充分发散思维联想一切自己感兴趣或者好玩的文化元素，用便条纸将联想到的关键词记录下来，之后再进行分析和整理工作。

在组织群体进行头脑风暴时，主持人需要将有关的专家集中起来进行专题会议（如图 3-3-1 所示）。主持人将会议的主题向参与者进行阐述，明确会议的规则，营造出轻松、和谐的氛围以保证会议的进行。主持人不要对会议主题发表自己的意见，以免打扰参与者，由参与者“自由”提出尽可能多的方案（如图 3-3-2 所示）。

图 3-3-1　头脑风暴会议

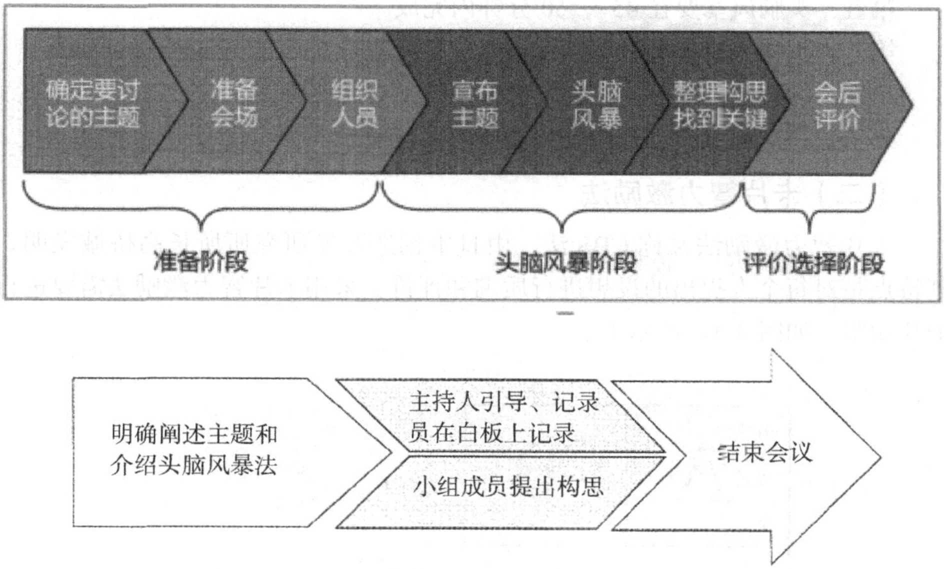

图 3-3-2　头脑风暴法示意图

1. 头脑风暴法的基本原理

①只专心提出设想而不加以评价。

②不局限思考的空间，鼓励天马行空，提出越多设想越好。

2. 头脑风暴法的四大原则

①自由地去思考。要求参与者尽可能地解放思想，无拘无束地思考问题并畅所欲言。同时，鼓励自由奔放、异想天开的设想，观点越新奇越好。

②会后评判。禁止参与者在会上对他人的设想评头论足，排除评论性的判断，至于对设想的评判，留在会后进行。

③以量求质。鼓励参与者尽可能多地提出设想，以大量的设想来保证质量

较高的设想的存在，设想多多益善，不必顾虑构思内容的优劣。

④见解无专利。鼓励借鉴别人的构思，借题发挥，根据别人的构思联想到另一个构思，利用一个灵感引出另一个灵感，或者把别人的构思加以修改。

3. 头脑风暴法的八点要求

第一，运用头脑风暴法，首先应有主题。

第二，不能同时将两个及以上的主题混在一起，主题应单一。

第三，问题太大时，要细分成几个小问题。

第四，创造力强，分析力也要强，要有幽默感。

第五，头脑风暴要在 45 ～ 60 分钟内完成。

第六，主持人要把构思写在白板上，字体清晰，以启发其他人的联想。

第七，在头脑风暴后，对创意进行评价（会后评价）。

第八，评价创意时，要做分类处理。

（二）卡片智力激励法

卡片智力激励法又称 CBS 法，由日本创造开发研究所所长高桥诚发明，其特点是对每个人提出的设想进行质询和评价。采用卡片智力激励法需要进行卡片切割（如图 3-3-3 所示）。

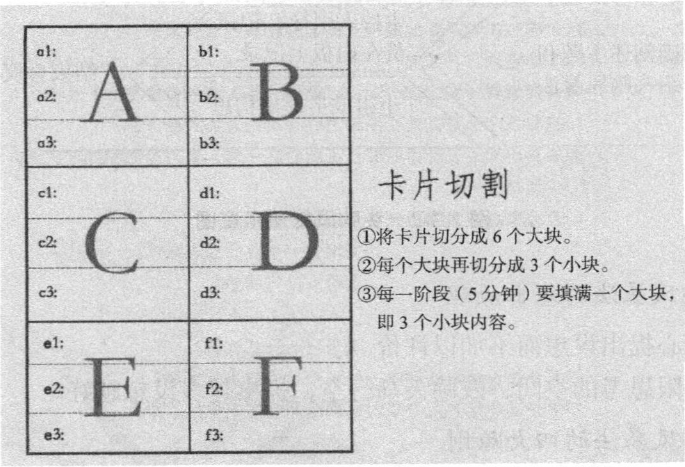

图 3-3-3　卡片切割示意图

卡片智力激励法实施步骤如下。

①由 5 ～ 8 人参加会议，每人发 50 张卡片，另准备 200 张卡片备用，会议时间为 60 分钟。

②参与者对会前所提示的主题进行设想，并把设想写在卡片上。每张卡片写一个设想，每人提出 10 个以上的设想，时间为 10 分钟。

③在开会时，参与者把卡片放在桌子上，轮流进行解说。

④在倾听他人设想时，参与者可提出质询。如果自己有新构想，应立即写在备用的卡片上，并把卡片放在桌子上，时间为 30 分钟。

⑤参与者发言完毕以后，将内容相似的卡片集中起来，并加上标题。

⑥卡片分好类后，要将标题写在最前面，并排成一列，之后逐一讨论完善各种设想。

⑦主持人决定分类题的重要程度，时间为 10 分钟。

（三）奔驰法

奔驰法是一种辅助创新思维的方法，主要通过以下 7 种思维来启发实践。

①替代。创意中哪些内容可以被替代，以便改进产品？哪些材料或资源可以被替换或互相置换？运用哪些其他产品或流程可以达到相同的目的？

②结合。哪些元素需要结合在一起，以便进一步改善创意？如果将该产品与其他产品相结合，会得到怎样的新产物？如果将不同的设计目的或目标结合在一起，会产生怎样的新思路？

③调适。创意中的哪些元素可以进行调整和改良？如何将产品进行调整，以达到另一个目的？还有什么元素、目的或产品可以进行调整？

④修改。如何修改创意以便进行下一步改进？如何修改创意现阶段的形状、外观以给消费者带来不同的感受？如果将该产品的尺寸放大或缩小，会有怎样的效果？

⑤其他用途。创意要怎样运用到其他用途中？是否能将创意用到其他产品或行业中？在另一个情境中，产品的行为方式会如何？能否将产品的废料进行回收再利用？

⑥消除。已有创意中的哪些方面可以去掉？如何简化现有的创意？哪些特征、部件或规范可以被省略？

⑦反向。与创意完全相反的情况是怎样的？如果将产品的使用顺序颠倒过来，或改变其中的使用顺序，会得出怎样的结果？如果做了一个与现阶段创意完全相反的设计，结果又会是怎样的？

（四）思维导图法

思维导图其实是一个视觉表达形式，它将一个主题以及根据这个主题所散发出的思维和创意之间的联系呈现出来。研究思维导图并从中找出思维和创意之间的联系就能够设计出一系列的方案。设计师要能够运用思维导图将主题以及与主题相关的所有发散思维和创意视觉化，将主题进行分析结构化，如将主题的名称写在空白纸上，并将其圈起来，再对主题进行头脑风暴，绘制从中心向外发散的线条，将自己的想法标在不同的线条旁，可以根据需要在主线上增加分支。这种方法就是思维导图法（如图 3-3-4 所示）。设计师还可以使用一些其他的视觉技巧，如用不同颜色标记几条思维主干，用圆形标记关键词语或者出现频率较高的想法，用线条连接相似的想法。

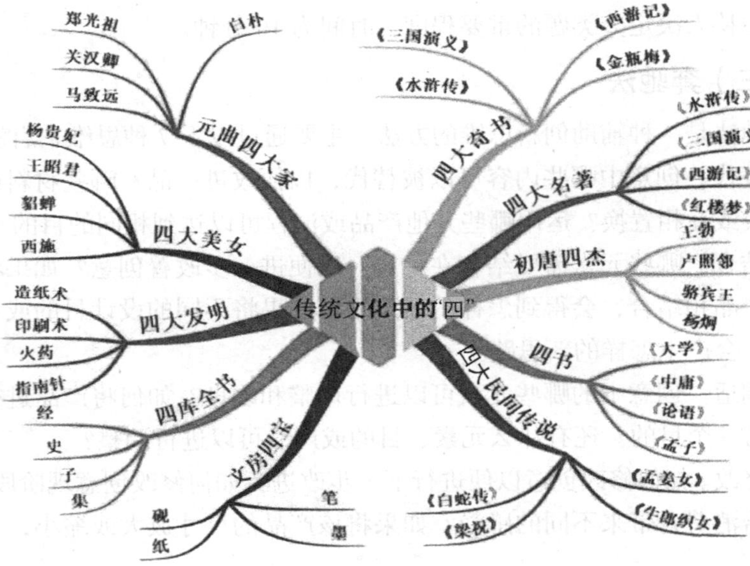

图 3-3-4　思维导法示意图

思维导图的绘制过程如下。

①准备 A3 纸一张、彩色笔（至少三色以上）若干、水性笔一支，纸必须横放。

②画中心主题。在纸的正中间画一个圈或一个框，把主题词写进去就可以了。

③画主干。画主干线条要柔和，色差要强烈。画图顺序从右上角开始，沿着顺时针到左上角结束。

④填写主干关键词。提炼出主干关键词并填写。每个人的理解和关注点不一样，提炼出来的关键词会有所不同，任意发挥即可。

⑤画分支和填写关键词。先画第一层分支，再画第二层分支，然后继续分。当然，也可以直接就一个分支画到底，不需要画完第一层就开始第二层。

思维导图的优点就在于其可以不断添加，突然想到了什么，继续添加就可以。多个分支如同吃大锅饭时加双筷子而已，还可以随时减少分支或者添加分支。

⑥配小图。可以根据个人的理解在不同的区域配上小图，有助于理解发散，也能使思维导图更漂亮。

思维导图的绘制要点如下。

第一，图像。中央要用图像，分支要用图像，整个思维导图都要多用图像，因为图像有助于触发无数联想，加强记忆。不要怕画得不好，有效就行。

第二，关键词。如果有些内容无法用图片表达，那么就要使用关键词。关键词需要简短，尽量少用词组，多用单词。

（五）拼贴画法

拼贴画法是一种展示产品使用情境、产品用户群、产品品类的视觉表现方法。它可以帮助设计师完善视觉化设计的标准，便于与项目其他利益相关者交流设计标准。

采用拼贴画法应选择最合适的材料，2D 和 3D 的材料均可，可凭直觉尽可能多地收集原始视觉素材，并根据目标用户群、使用环境、使用方式、用户行为、产品类别、颜色、材料等因素将视觉素材进行分类，还需要决定背景的功能和意义，如构图定位，水平或垂直定位，背景的颜色、肌理及尺寸。

在制作拼贴画时，首先，设计师在草图上找到合适的构图，此时需要着重关注坐标轴与参考线的位置，思考图层的先后顺序、图片大小、图片与背景的关系；其次，按照自己的构图意愿绘制一幅临时拼贴画；最后，检查全图，确定该图是否已经呈现出大部分自己所需要表达的意义，之后进行粘贴。

（六）场景描述法

场景描述法也称情境故事法或使用情景法，是以故事的形式讲述目标用户在特定环境中的情形。根据不同的设计目的，故事的内容可以是现有产品与用户之间的交互方式，也可以是未来场景中不同的交互可能。在采用场景描述法时，设计师要确定场景描述的目的，明确场景描述的数量及篇幅，选定特定的人物角色或目标用户及需要达成的主要目标。同时，设计师要构思场景描述的写作风格，为每个场景描述拟定一个具有启发性的标题，并巧妙利用角色之间的对话，使场景描述内容栩栩如生。另外，设计师要为场景描述设定一个起始点，触发场景的起因或事件，专注地创作一篇最具前景的场景描述。

设计的过程也被普遍认为是解决问题的过程，而在解决问题之前，设计师首先要寻找并界定真正的设计问题。这是得出解决方法最重要的前提。回答以下问题可以帮助设计师界定设计问题。

①谁遇到了问题？

②主要问题是什么？

③与当前场景相关的因素有哪些？

④遇到问题者的主要目标是什么？

⑤需要避免当前场景下的哪些负面因素？

⑥当前场景下的哪些行为是值得采取的？

设计师将所得结果整理成结构清晰、条理清楚的文字，形成设计问题。其中应包含对未来目标场景的清晰描述，以及可能产生设计概念的方向。对问题的清晰界定有助于设计师、用户及其他利益相关者进行有效的交流与沟通。

在设计问题界定后，设计师需要进行分合思维。分合思维是一种将思考对象在思想中加以分解或合并，以产生新思路、新方案的思维方式。

（七）用户观察法

用户观察法是指为了确定产品内容、对象及地点，在毫无干预的情况下对用户进行访谈或采用问卷调查的形式实现目标的一种方法。在真实环境中或实验室设定的场景中观察用户对产品的反应，可通过拍摄视频、照片或记笔记的方式来记录，也可以将所有数据整理成图片、笔记等形式，再进行统一的定性分析，全方位地分析用户行为并将其转化为设计语言。

用户访谈的形式一般应用于开发消费者已知的产品或服务。访谈能深入洞察特殊的现象、特定的情境、特定的问题、常见的习惯、极端的情形和消费者的偏好等。在进行用户访谈时，具体步骤如下：编制访谈指南，包括与问题相关的各种话题清单；邀请合适的受访者，一般依据项目的具体目标选择 3 ～ 8 名受访者；访谈的时长通常为 1 小时左右；在访谈过程中需要进行录音记录，记录访谈对话的具体内容；最后，总结访谈笔记。

问卷调查的形式是一种运用一系列问题及其他提示从受访者处收集所需信息的方法。问卷调查能帮助设计师获取用户的认知、意见、行为发生频率，以及对某种产品或服务的设计概念感兴趣的程度，从而帮助其确定对产品或服务最感兴趣的目标用户群。在进行问卷调查时，具体步骤如下：以项目的研究问题为基础确定问卷调查的话题；选择每个话题的回答方式，如封闭式、开放式或分类式；合理、清晰地布局问卷，确定问题的先后顺序并归类；测试并改进问卷，因为问卷的质量决定了最终结果是否有用；根据不同的话题邀请合适的调查对象，可随机取样或有目的地选择调查对象；运用数据展示调查结果及被测试问题与变量之间的关系，调查结果可以为设计师提供目标用户的相关信息，有助于其找到设计项目中需要重点关注的地方。

二、文化创意产品设计方法的进行流程

（一）产品结构及工艺调研

产品设计受产品的功能、构造和制造方法等影响较大，因此在产品设计过程中，我们需要掌握与产品相关的技术信息。产品结构及工艺调研主要是二手资料的收集整理、专家意见调查，以及产品拆解实验等。

进行同类产品特性比较是为了了解竞争对手的产品动向，需要收集大量的产品样本和样品，分析设计趋势。一般将市场上现有产品的各项特点，如品牌、功能、特色、诉求重点、价格、使用材料等详细列出，以此来分析市场现有产品在满足消费者不同需要方面的设计特点。进而比较各竞争产品的优缺点，制作成产品分析图表（如图 3-3-5 所示）。

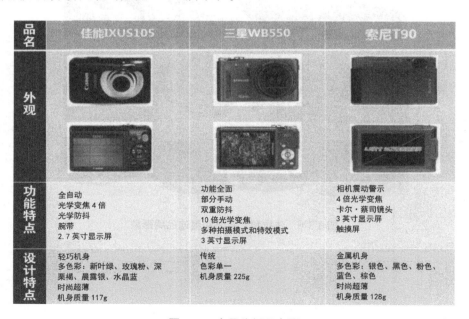

品名	佳能IXUS105	三星WB550	索尼T90
外观			
功能特点	全自动 光学变焦 4 倍 光学防抖 腕带 2.7 英寸显示屏	功能全面 部分手动 双重防抖 10 倍光学变焦 多种拍摄模式和特效模式 3 英寸显示屏	相机震动警示 4 倍光学变焦 卡尔・蔡司镜头 3 英寸显示屏 触摸屏
设计特点	轻巧机身 多色彩：新叶绿、玫瑰粉、深栗褐、晨露银、水晶蓝 时尚超薄 机身质量 117g	传统 色彩单一 机身质量 225g	金属机身 多色彩：银色、黑色、粉色、蓝色、棕色 时尚超薄 机身质量 128g

图 3-3-5 产品分析示意图

（二）地域文化特征调研

产品设计所面向的使用人群一般生活在一定的地域文化环境中，他们的审美取向、价值取向、生活习惯等都受到这些环境因素的影响。产品只有符合当地目标人群的偏好，才能得到人们的认可。开展地域文化特点及差异的研究对于企业进行跨文化的产品开发来说，具有极大的指导意义。①

在对目标市场的地域文化特征进行调研时，设计师不仅需要了解人们的审美偏好，还需要调研当地的文化传统、习俗、宗教禁忌等，进而制定正确的设计策略。

例如，龙在东方是瑞兽，其形象通常被用来象征皇权、中华民族的精神，甚至是国家的象征。而龙的形象在西方通常被用来象征坏的事物或者有威胁性的状况，如邪恶的有翼怪物、恶魔、凶暴的人等。

（三）品牌形象特征调研

地域文化是产品的民族特性，企业文化是产品的家族特性。品牌形象（如图 3-3-6 和图 3-3-7 所示）是企业生存依靠的精神力量和文化力量，这些力量长期积累形成，逐渐凝结成相对固定的形象特征，并体现在产品上。

图 3-3-6　法拉利、宝马和奥迪品牌形象

① 刘震元．产品设计程序与方法 [M]．北京：中国轻工业出版社，2018.

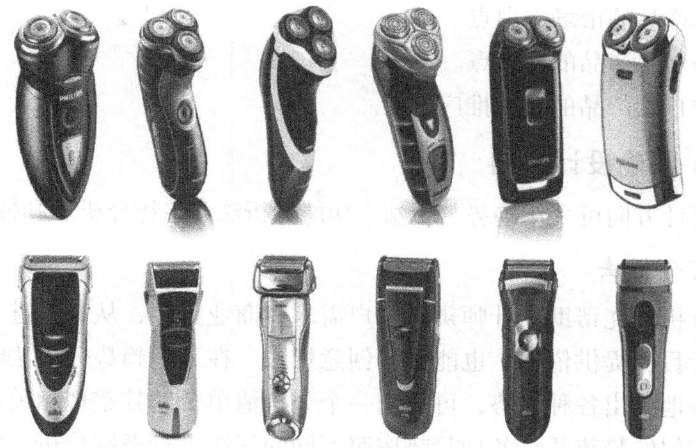

图 3-3-7 飞利浦品牌形象

（四）产品风格认知调研

在进行产品风格认知调研时，我们需要通过产品市场分析图，从中找到关键点（如图 3-3-8 所示）。

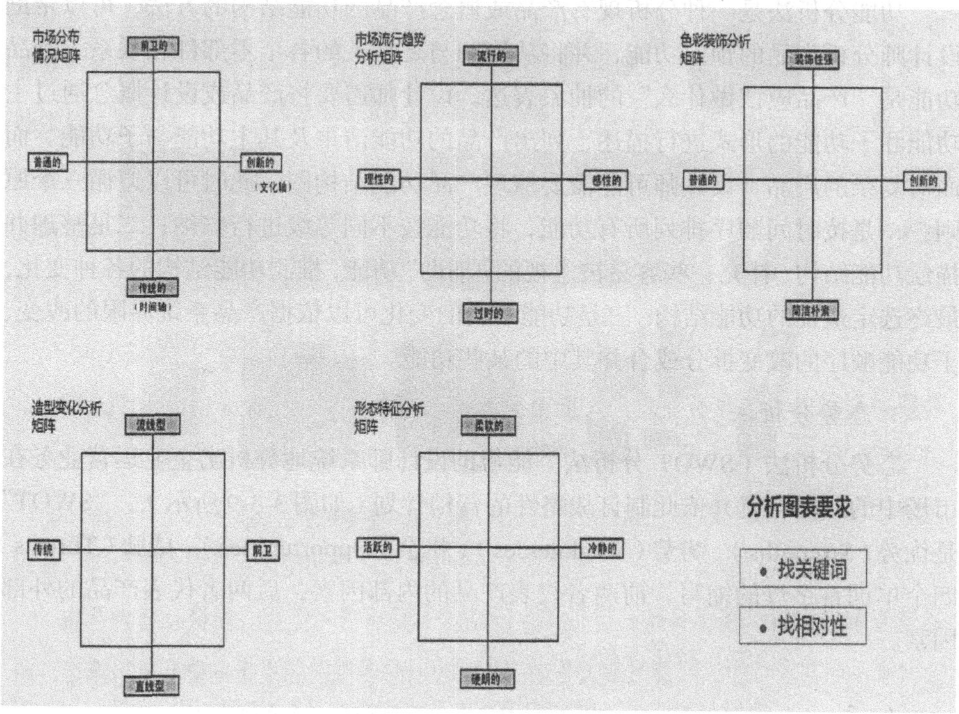

图 3-3-8 产品市场分析图

①现有产品的市场空白点。

②竞争对手产品的优缺点。

③定位自己产品的市场推广方向。

（五）明确设计方向

明确设计方向可采用趋势分析法、功能分析法、态势分析法和搜寻领域法。

1. 趋势分析法

趋势分析法能帮助设计师辨析用户需求和商业机会，从而为进一步制定商业战略设计目标提供依据，也能催生创意想法。在采用趋势分析法时，设计师应尽可能多地列出各种趋势，可使用一个分析清单帮助其整理相关的问题和答案，过滤相似的趋势并将各种趋势按照不同的等级进行类别分析，要辨析这些趋势是否有相关性并找到它们之间的联系，确定新产品或服务研发方向，也可将不同的趋势进行组合，观察是否会催生新的设计灵感。趋势分析法不仅能启发设计师的灵感，而且能帮助设计师认清推出新产品所面临的风险和挑战。

2. 功能分析法

功能分析法是一种分析现有产品或概念产品的功能结构的方法，可以帮助设计师分析产品的预定功能，并将功能和与之相关的各个零部件相联系。产品功能是“产品应该做什么”的抽象表达，设计师需要将产品或设计概念通过主功能和子功能的形式进行描述，列出产品的功能清单及其主功能与子功能。而面对复杂的产品，设计师可能需要梳理产品功能结构图，此时可以遵循三个原则：一是按时间顺序排列所有功能，将功能按不同等级进行归纳；二是整理并描绘功能结构，补充一些容易被忽视的“辅助”功能，推测功能结构的各种变化，最终选定最佳的功能结构；三是功能结构的变化可以依据产品系统界限的改变、子功能顺序的改变拆分或合并其中的某些功能。

3. 态势分析法

态势分析法（SWOT 分析法）能帮助设计师系统地分析出企业运营业务在市场中的战略位置并依此制订战略性的营销计划（如图 3-3-9 所示）。“SWOT”是优势（Strengths）、劣势（Weaknesses）、机会（Opportunities）、威胁（Threats）四个单词首字母的缩写，前两者代表产品的内部因素，后两者代表产品的外部因素。

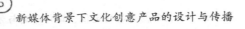

图 3-3-9 SWOT 分析示意图

在进行内部分析时，可以思考我们的产品属于什么行业？在进行外部分析时，可以思考这些问题：当前市场环境中最重要的趋势是什么？人们的需求是什么？人们对当前产品有什么不满？什么是当下最流行的社会文化和经济趋势？竞争对手都在做什么？竞争对手计划做什么？整个产业链的发展有什么趋势？然后，列出产品的优势和劣势清单，并对照竞争对手逐条进行评估，将精力主要集中在产品自身的竞争优势及核心竞争力上，不要过于关注自身劣势，将分析所得结果条理清晰地总结出来，与团队成员和其他利益相关者交流分析结果。

4. 搜寻领域法

搜寻领域法能帮助设计师在开发新产品时找到市场机会。该方法通常在 SWOT 分析结果的基础上进行综合整理，将 SWOT 分析所得的结果作为起点，将结果放在一个矩阵中寻找可能的关联。首先，结合内部优势和外部机会，通过发散思维创造出一些搜寻领域，并依据选择标准对通过思维发散出的领域进行筛选，进而得出有价值的搜寻领域；其次，进行一次用户情境或使用情境研究，检测各搜寻领域的可行性，并将这些搜寻领域归纳为设计大纲，并依据设计大纲中的各搜寻领域生成不同的产品创意。

（六）确定设计方法

确定设计方法一般采用维度分析法（如图 3-3-10 所示）。在运用维度分析法时，设计师先为中心词画一个象限表，纵轴为解决效果，横轴为实现成本，然后根据每个创意的实际情况将其一一对号入座，最后根据产品开发的要求选取缩小创意的范围，直到最终确定可行性最大的方案为止（如图 3-3-11 所示）。

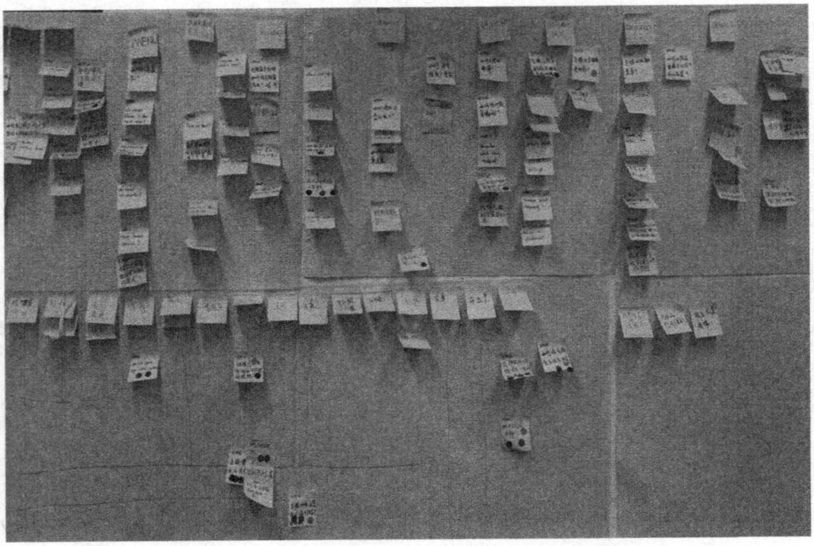

图 3-3-10　维度分析法（1）

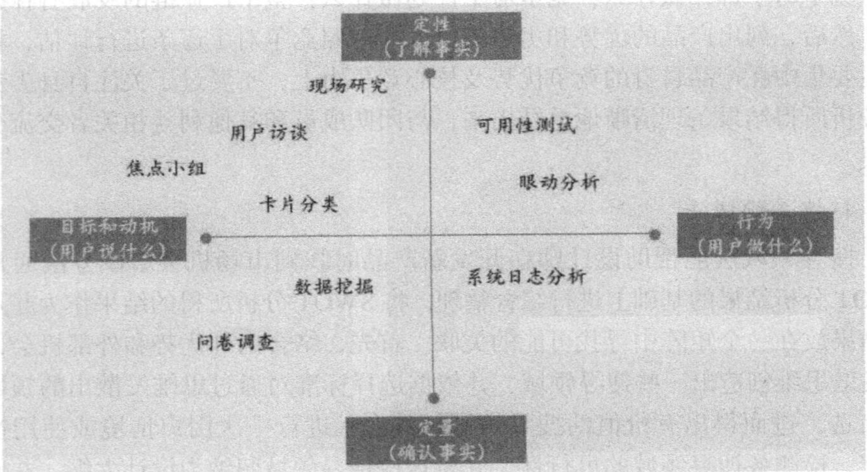

图 3-3-11　维度分析法（2）

运用维度分析法对思维发散出的创意进行整理、筛选，挑选出有价值、有意义的设计点。至于采纳哪个方案，则需要对挑选出来的创意进行评估。

（七）思考设计载体

将设计理念或者创新点运用到合适的载体上是表达产品内在文化含义的基础（如图 3-3-12 和图 3-3-13 所示）。

图 3-3-12　设计载体（1）

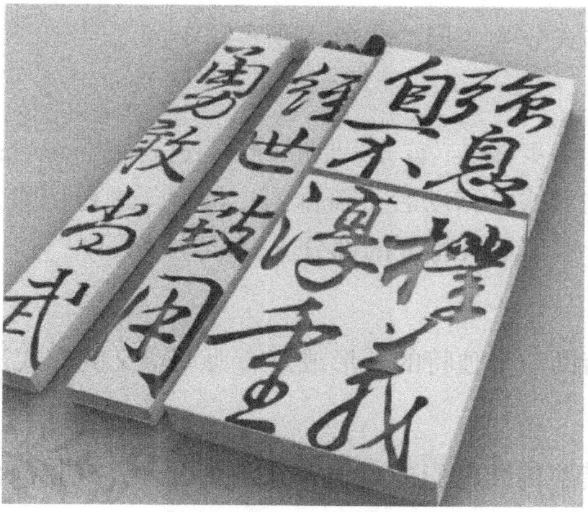

图 3-3-13　设计载体（2）

通过归纳和总结，文化创意产品设计载体主要分为以下类别（如图 3-3-14 所示）。

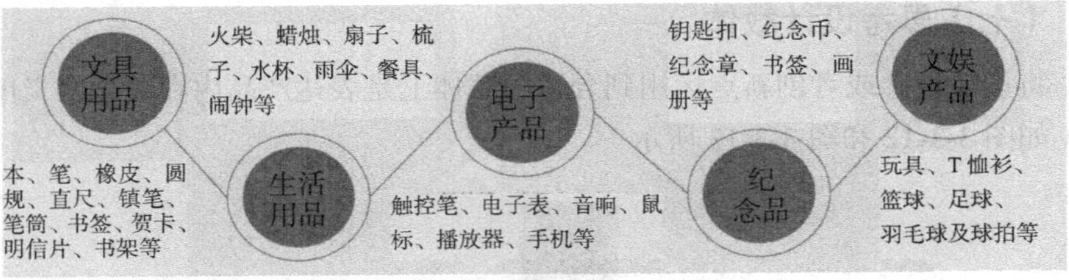

图 3-3-14　设计载体类别

①文具用品，如本、笔、橡皮、圆规、直尺、镇纸、笔筒、书签、放大镜、书籍、贺卡、明信片、书架等。

②生活用品，如火柴、蜡烛、扇子、梳子、水杯、雨伞、餐具、闹钟等。

③电子产品，如触控笔、电子表、音响、鼠标、播放器、手机等。

④纪念品，如钥匙扣、纪念币、纪念章、书签、画册等。

⑤文娱产品，如玩具、T恤衫、篮球、足球、羽毛球及球拍等。

（八）提炼设计方法

提炼设计方法是提炼传统文化元素特征并赋予新应用，以减法的方式删除繁复的非本质的部分，最终保留和完善最具有典型意义的部分。提炼传统文化元素特征的方法有变异修饰、打散再构、借形开新、承色异彩和异形同构。

1. 变异修饰

变异修饰的方式分为变形、变色、变式和变意。

2. 打散再构

打散再构的具体步骤是，首先，原形分解，进行重新组合；其次，移动位置，打散原形组织结构形式，移动后重新排列；最后，进行切除，选择美的部分或从美的角度分切，保留最具特征的部分。

3. 借形开新

借形开新即借助一个独特的外形或具有典型意义的样式进行新图形塑造。

4. 承色异彩

承色异彩即借鉴传统色彩的配色方式进行设计，或打破传统色彩的局限对局部色彩进行变换。

5. 异形同构

异形同构实质上是一种组合方式，组合元素不断变换，也可以通过不断的配对重组促使新图形产生，主要分为异形同构、图文同构、中西文同构几种方式。

(九)开展设计探索

在开展设计探索时，设计师一般通过联想用户的使用情境进一步挖掘设计点，采用故事板深化产品细节，并制作效果图(如图 3-3-15 所示)。如果产品注重用户体验，那么设计师对于用户角色模型和用户场景的了解就不能少，而在产品设计中故事板能够直观地体现出用户和产品的使用情境。

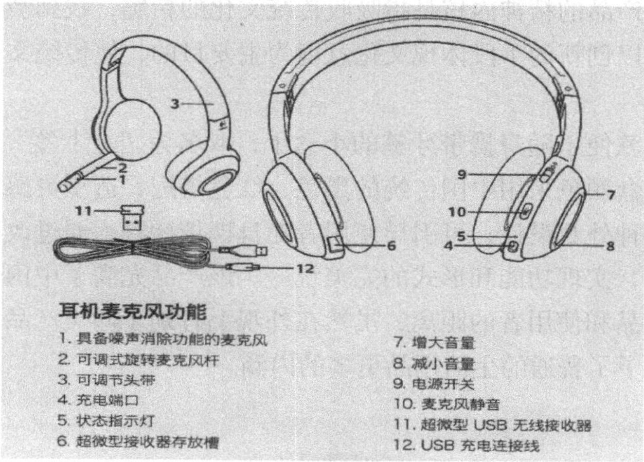

图 3-3-15 故事板示例

故事板起源于影视动画行业。尤其是在影视动画制作过程中，故事板的作用是安排剧情中的重要镜头。故事板相当于一个可视化的剧本，展示了各个镜头之间的关系，以及它们是如何串联起来的，给观众一个完整的体验。

当前，故事板在产品设计过程中也被广泛采用。虽然产品设计故事板和影视动画制作故事板都是用一系列的图片和语言组成的视觉表现形式，但是两者所表达的信息和目标用户却不一样。产品设计故事板的目的是让设计师在特定产品使用情境下，全面理解用户和产品之间的交互关系。

要想描述好用户场景，设计师就需要对用户使用这个产品的过程有一个基本的了解，还需要对用户角色和使用情景有所设想。因此，合理地设计故事板应该注意以下几个方面。

①确定角色，多个角色做多个故事板。

②确定必须完成的目标。

③确定故事的出发点或事件。

④明确角色信息及关注点。

⑤确定故事板数量，其数量取决于人物角色和目标数量。

⑥撰写故事，有始有终。

三、文化创意产品的呈现方式

文化创意产品主要以三种方式呈现，分别是精神内核、行为过程和外在形象。

（一）文化创意产品的精神内核

文化创意产品的精神内核是指吸收传统文化的精髓，找到契合点并与现代产品相结合，以创新的手段体现文化意境为主要目的，使传统文化走入现代人的生活。

例如，一款便于随身携带牙签的小盒子，取名为“上上签”（如图 3-3-16 所示）。牙签盒颜色采用中国传统的黑色、红色搭配，造型灵感来源于天坛祈年殿。通过这种外观设计，可引导使用者随身携带牙签，通过改变生活中的习惯来参与环保，实现功能和形式的完美统一。该产品充满了中国传统文化的意味，拉近了产品和使用者的距离，虽然在外观上有别于同类产品，但其出众的艺术品位，赋予了普通的生活用品更多的内涵。

图 3-3-16　上上签

“上上签”这个名字很容易让人联想到中国的祈福文化，有较深层次的象征意义。设计师感慨地说：“从原始的占卜到摇签卜卦的仪式，中国人几乎一刻也没有与图腾、祈福行为相离。”在谈到创作的灵感时，设计师说很多人第一次看到“上上签”时都会不由自主地感到某个深刻的意象在隐隐地传达给他们，而这种意象取材于天坛祈年殿的殿顶轮廓。在设计者看来，天坛祈年殿是中国祈福文化的代表性建筑，而置于内屉中的牙签便具有了象征意义。

（二）文化创意产品的行为过程

文化创意产品的行为过程是指寻找事物之间在操作方式和使用方法上暗含的相似性，把一个事物的某种属性应用在另一个事物上。

例如，《三国杀》游戏是中国传媒大学动画学院的学生设计的。该游戏借鉴了西方类似游戏的特点，并以中国三国时期为背景，以人物身份为线索，以卡牌为形式，合纵连横，经过一轮一轮的谋略和动作获得最终的胜利。《三国杀》游戏集历史、文学、美术等元素于一身，在国内广受欢迎。

《三国杀》游戏作为市场上众多三国题材游戏的一种，将三国历史与桌面游戏进行了完美的结合，用一种桌面游戏的形式将一个个历史中的三国人物和事件展现给玩家。例如，《三国杀》卡牌中的每一个武将的技能都是根据其自身的特点及其人生经历衍生而来的。又如，孙尚香的技能“联姻”的使用方法也有古代“联姻”的意义。再如，许多玩家之前没读过《三国演义》，却从吕蒙的技能“克己”里了解到“刮目相看”“吴下阿蒙”“白衣渡江”的典故。

这款游戏挖掘了游戏与文化的相似性，将娱乐方式与三国历史巧妙结合，灵活运用了三国人物的故事背景，使游戏本身与历史文化完美融合。

（三）文化创意产品的外在形象

文化创意产品的外在形象运用有两种方式：一是在传统物件上加入现代元素，使其时尚化、现代化；二是对传统物件的形态、传统文化图案的图形元素进行提炼概括和打散重构等重塑化，最后将其进行重组或与现代产品相结合。例如，将传统火柴进行创新，可使其具有观赏、收藏、纪念、礼品等功能。

2008 年北京奥运会所使用的火炬，其创意的灵感来自“渊源共生，和谐共融”的祥云图案（如图 3-3-17 所示）。“祥云”一词在中国已经流传了千年之久，是一个十分具有中国文化特色的代表性符号。火炬造型的设计灵感则是来源于中国传统的纸卷筒。中国的“四大发明”之中影响最大的便是造纸术，造纸术通过“丝绸之路”传播到西方，记录和传播了人类的文明。另外，火炬的颜色采用了汉代的漆红色，这与之前任何一届奥运会都不相同，银色和红色在相互作用下使火炬产生十分耀眼的色彩效果，便于媒体进行报道。火炬上下比例均匀分割，祥云图案和立体浮雕式的工艺设计更使整个火炬显得高雅华丽、内涵厚重。

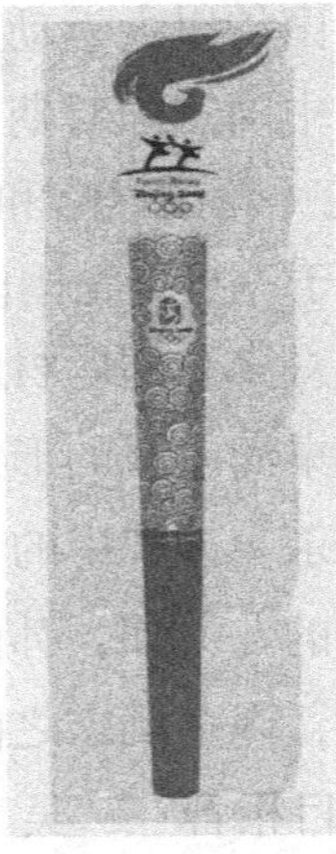

图 3-3-17 北京奥运火炬

四、文化创意产品的文化应用载体

文化创意产品的应用载体主要有三类，分别是实体产品、虚拟产品和虚实结合产品。

（一）实体产品

实体产品以物质实体的形式存在。实体产品一般通过实体店销售，计算机网络可以辅助其营销，但其不能通过计算机网络来传递，必须依靠传统的运输系统。需要注意的是，以光盘形式销售的软件、音乐、电影等由于其载体是物质形式的，所以只能算是实体产品。

（二）虚拟产品

虚拟产品无实体性质，在网上发布时默认为无法选择物流运输的商品，包括可由虚拟货币或现实货币交易买卖的虚拟商品或虚拟社会服务等。商品分为实体商品和虚拟商品，而虚拟商品又分为数字商品和非数字商品。虚拟商品是指电子商务市场中的数字产品和服务，一般专指可以下载使用或在线使用的数字产品和服务。

（三）虚实结合产品

虚实结合产品是指虚拟商品或虚拟服务与其配套的实体产品的组合，两者相辅相成，缺一不可。例如，谷歌眼镜及其所产生的服务功能就是虚实结合产品。

第四章　文化创意产品的设计流程

文化创意产品将文化、创意、设计进行相互关联，创造出一个相互作用的系统，给予本身没有精神属性的客观事物以文化属性。本章将分别对文化创意产品项目的调研、文化创意产品的受众分析和定位以及文化创意产品的设计流程与管理等方面进行分析和论述。

第一节　文化创意产品项目的调研

一、文化创意产品项目管理

文化创意产品的设计在通常情况下的表现形式是项目，文化创意产品项目管理就是由文化创意设计和具体项目有关的管理学、技术相互融合而产生的。文化创意产品项目管理指的就是为了达成预设的文化创意设计目的，以项目管理学理论和相关技术为基础，在科学、合理、有计划的前提下，对在资源、时间、成本、技术、材料等有关方面限制的范围内进行项目任务的管理活动。一个成功的文化创意产品设计团队必须要具备成熟的项目管理能力，在限制的范围内可以完成文化创意产品设计。文化创意产品设计师不仅要具备一般设计师所具备的能力，还需要拥有一定的文化内涵，要能够对文化有较强的认知和理解，并具备整合的能力，只有这样才能够设计出真正的文化创意产品。

（一）文化创意产品项目管理的准备

对于一个非常成熟且有很多设计经验的设计团队或创作企业而言，需要做的准备工作就会相对轻松。对于一个初创的设计团队或者参与文化创意产品设计活动较少的企业而言，在第一次进行文化创意产品设计的时候就会相对困难，而文化创意产品项目的准备工作是文化创意产品项目成功的关键。

1. 进行文化创意产品项目前期检查

当企业在进行文化创意产品项目的准备工作时，进行文化创意产品项目的前期检查能够帮助企业明确自己的市场目标，这是决定项目是否能够成功的关键，为了防止设计出现方向性错误，确保设计成功就需要对文化创意企业的内部资源进行评估。

文化创意产品项目的前期检查的主要内容包括：检查以往文化创意产品项目成功与失败的原因；检查项目技术的薄弱环节；检查文化创意产品项目管理的能力和水平。

2. 编制文化创意产品项目规划书

编制文化创意产品项目规划书是文化创意产品项目准备工作的重要环节。一个合理、科学、完整的文化创意产品项目规划书能够帮助团队或企业明确项目的设计方向和目标，同时能够降低项目中的风险，帮助设计师提前了解项目，做好前期准备工作。

从文化创意产品项目管理者的视角来看，一个合理、完整的项目规划书应该包括以下几个方面：设计目标、设计计划、设计要求。所以，编制项目规划书的基本要求就是要明确合理的设计目标、做好合理的设计计划以及确认设计要求。文化创意产品项目规划书的编制通常要经过市场研究、产品研究、技术研究、交流与评估研究与活动等步骤。

（二）文化创意产品项目规划管理

文化创意产品项目管理者要对文化创意产品项目管理进行合理的规划，并且在设计的过程中要对所有的设计工作进行管理，这就是文化创意产品项目管理。当文化创意产品项目的准备工作完成之后，文化创意产品项目管理者的工作重点就变成管理项目规划，这对于完成文化创意产品项目规划书中所设定的设计目标十分关键。文化创意产品项目规划管理的方式一般有分阶段管理、产品设计与开发管理、产品项目规划的成本管理、产品项目规划的品质管理、产品项目规划的时间管理等。

（三）文化创意产品项目团队管理

随着社会的发展，现阶段的文化创意产品项目通常是非常复杂的，这就需要文化创意团队具备多职能和团队成员共同参与。而许多实例也证明了一个拥有多职能的和团队协作能力强的团队更容易完成项目。但是在文化创意产品项目进行的过程中，不可避免会出现团队成员想法上的分歧，为了避免因想法的分歧而延误项目的进度，就需要对文化创意团队进行有效的管理。

文化创意团队的工作特征有以下三个方面：第一，文化创意产品项目需要集思广益才能够完成，因此要让团队中的成员感受到平等的参与感与认同感；第二，在文化创意团队中不仅要对团队的作用给予重视，还要重视团队领导的领导能力和团队核心成员的个人能力；第三，文化创意团队的组成一般为 5 ～ 7 名成员，最好不要超过 8 人。

为了保证文化创意团队的工作效率，需要设立一个文化创意产品项目的经理。文化创意产品项目的经理需要具备较强的工作能力，其不仅需要拥有良好的专业设计能力，还需要具备优秀的团队管理能力。同时，文化创意产品项目的经理还要能够明确设计目标和进行项目规划，拥有管理团队的权限。

二、文化创意产品市场调查

文化创意产品的市场调查有规定的工作程序，是有计划、有组织的商业活动。只有按照一定的工作程序进行才能够保证市场调查结果的有效性。文化创意产品市场调查的程序一般可分为确定调查主题与调查目标、制订调查计划、实施调查计划、提出调查报告。

（一）文化创意产品市场调查主题与市场调查目标的确定

文化创意产品的市场营销决策所包括的内容非常繁杂，因此需要调查的内容有很多，不可能仅仅通过一次调查就将调查任务完成。所以，在进行市场调查的准备工作时，先要明确最需要解决、最关键的问题，确定本次市场调查的主题，明确本次市场调查需要完成的最关键的任务和最重要的目标。

根据文化创意产品市场调查主题的性质和调查目标的不同，市场调查项目可以分为探索性调查、描述性调查和因果关系调查三种类型。

1. 探索性调查

探索性调查通常会应用在没有明确调查主题的情况下，它能够确定调查主题的方向、内容以及调查范围，然后对资料进行收集、调查。例如，当一个企业发现最近一个季度的文化创意产品的销量出现明显的下降时，很可能是因为市场中出现了竞争对手所发售的新的文化创意产品，或者受众的喜好发生了变化，或者自身的产品质量出现了问题。这时企业就需要运用探索性调查知道问题的关键所在，及时了解市场情况，以便于做出积极的应对。

2. 描述性调查

描述性调查是十分常用的调查方式，在一般情况下应用于调查文化创意市场营销策略的不足之处以及出现问题的原因。描述性调查主要是记录采集到的数据资料，根据客观数据进行静态描述。在文化创意企业对短期市场营销的策略进行调整时，会对近些年来受到市场欢迎的文化创意产品进行总结与分析，以便于其预测市场对于文化创意产品的发展需求。而文化创意企业在对长期市场营销的策略进行调整时，会根据当前的实际情况对将来的发展情况进行预测，并且对某一个地区民众的收支情况进行调查，详细掌握当地居民的收支变化情况、产品拥有率、产品饱和度、产品普及率等，并且要对当地的生产状况也有一定的了解。

3. 因果关系调查

因果关系调查的目的是对市场营销活动之中不同因素之间的关系进行分析，对于市场中一些现象存在的原因进行调查。在文化创意企业的营销活动中，会存在许多因素和因素之间的联系，这些因素之中有很多是可控制的变量，如产品成本、人员、产量、价格等，有些因素则受到其他因素的影响较大，如销售数据、产品反馈、企业利润等。通过因果关系调查，我们要清楚某种变量的变化究竟受到哪些因素的影响，多种因素的变化对变量的影响程度如何，以及这些影响因素将会发生怎样的变化等。

（二）文化创意产品市场调查计划的制订

当确定文化创意产品市场调查的目标和调查的主题之后，市场营销调查人员就要及时制订调查计划。市场营销调查人员在制订文化创意产品市场调查计划时要包括调查对象、调查方法等内容。

1. 确定文化创意产品市场调查资料的来源

文化创意产品市场调查计划必须考虑资料来源的选择。调查资料按其来源分类，可分为第一手资料和第二手资料。

第一手资料指的就是进行市场调查所采集的原始资料。有很多市场调查的项目都需要采集第一手资料，但是第一手资料采集的成本相对较高，不过所得到的资料与数据都为解决问题提供了很大的帮助。第一手资料的来源通常是实际调查和深度沟通等。

第二手资料指的是市场调查之前已经有的资料。进行文化创意产品市场调查的人员通常都会先查阅第二手资料之后再进行调查工作。第二手资料采集的成本相对较低，但是在文化创意产品市场调查中主要还是以第一手资料的采集为主。如博物馆文化创意产品市场调查侧重于文物、典籍、历史等资料的梳理；旅游景区文化创意产品市场调查侧重于对地域文化、景观特色、民俗文化等资料的梳理。

2. 确定文化创意产品市场调查的对象

根据文化创意产品市场调查对象的范围大小，市场调查可以分为普遍调查和抽样调查两大类。

普遍调查能够得到较为全面的统计数据，但是具体的实施过程非常复杂，不仅费时，而且费力，调查的成本太高，一般只有政府机构为了调查某些特定的项目才会使用，如人口普查、经济普查等，在文化创意产品市场调查中则极少使用普遍调查。抽样调查指的是对调查总体的若干个体进行调查，文化创意产品市场调查通常都是采用抽样调查的方式。抽样调查的种类有很多，通常企业所采用的只有两种，随机抽样调查与非随机抽样调查。随机抽样调查指的是排除调查工作人员的主观干扰，在调查总体中进行随机抽选若干个调查对象；非随机抽样调查指的是由调查工作人员进行主观判断选择调查的样本，因此调查的结果往往会产生较大的误差。但是如果调查工作人员有丰富的调查经验，非随机抽样调查也是一种不错的调查方式。

（三）文化创意产品市场调查计划的实施

实施文化创意产品市场调查计划包括两个步骤：文化创意产品市场调查数据资料的收集和文化创意产品市场调查数据资料的加工处理和分析。

1. 数据资料的收集

文化创意团队的领导者需要经常进行市场调查，以了解市场的变化，从而得到准确的市场调查结果。例如，在实施观察法进行调查时，领导者要叮嘱调查工作人员不要遗漏信息；在实施询问法进行调查时，要确保调查工作人员的客观性，不允许其对调查样本进行诱导，使样本做出不客观的回答。

2. 数据资料的加工处理和分析

在经过市场调查之后，企业需要对采集到的数据资料进行处理，数据资料的处理必须要科学、合理并且准确。数据资料的处理包括对调查资料的分类、整合与整理。在进行数据资料处理的过程中一定要保证数据资料的完整性。

经过市场调查之后采集到的数据资料被处理之后就可以进行分析了，从而得到调查的结果。根据数据资料的分析性质不同，数据资料分析可以被分为定性分析和定量分析；根据数据资料的分析方式不同，数据资料分析可以被分为经验分析和数学分析。在当前，大多数企业都选择使用数学分析法进行数据资料的定量分析。

利用先进的统计学方法和决策数学模型，辅之以经验分析与判断，可以较好地保证调查分析的科学性和正确性。

（四）文化创意产品市场调查报告的提出

在进行文化创意产品市场调查之后，企业会对采集到的数据资料进行整理和分析，调查工作人员必须要得出调查的结论，然后以调查报告的形式总结文化创意产品市场调查的结果。通过文化创意产品市场调查报告能够使企业对文化创意产品市场的现状有初步的了解，并且能够根据调查报告设计市场营销方案和策略，调查报告对于文化创意产品设计师、市场营销人员、项目决策人员都有非常重要的意义。

第二节　文化创意产品的受众分析和定位

一、文化创意产品的受众分析

文化创意产品市场发展重点是研究消费者的消费行为，企业进行营销活动的目的是为有需求的受众提供文化创意产品。因此，企业需要去了解受众、分析受众，知道受众的购买需求、购买动机、购买喜好，只有这样，文化创意团队才能够有针对性地开发新的文化创意产品，并能够为企业提供产品样式、价格、销售渠道以及营销方式的建议。对受众行为的分析主要有以下几点：受众市场、受众购买行为模式、受众购买行为类型、受众购买决策、影响受众购买行为的因素等。

（一）文化创意产品受众行为分析的主要内容

企业应该从心理学的角度去分析受众的心理、动机、态度以及喜好等，这能够帮助企业快速了解消费者的购买动机和购买心理。

①从社会角度研究分析社会阶层、家庭结构、相关群体等对于消费者行为的影响。

②从传播学角度研究分析消费者如何收集产品信息、收集信息的渠道以及他们对产品宣传的反应等。

③从经济学角度研究分析消费者经济状况如何影响其产品选择、费用开支以及如何做出购买决策以获得最大的满足。

④从文化人类学角度研究分析人类的传统文化、价值观念、信仰和风俗习惯等对消费者行为的影响。

（二）文化创意产品市场及受众购买行为分析

文化创意产品市场也被称作文化受众最终市场，在这个市场之中，所有的消费者都是对文化创意产品关注的受众，其购买产品的目的多是满足个人或家庭的文化生活需求，不存在营利性动机。文化创意产品受众的特点决定了受众市场的特征。

①市场广阔，消费人群较为集中，如集中在博物馆、旅游景点等。

②市场需求弹性较大。文化创意产品市场的产品种类繁多，常针对受众进行高、中、低档分层分析。

③专家购买。文化创意产品市场的消费者大多数具备一定的文化认知，他们在购买时，关注自身情感和印象，因此他们的购买决定容易受文化创意宣传、文化情景空间和服务等的影响。

④除少数高档耐用文化创意产品外，一般不要求技术服务。

（三）文化创意产品受众购买行为模式

受众购买文化创意产品的行为是非常复杂的，并且在购买文化创意产品或是服务的过程中，受众也产生一系列的反应。这是一种行为过程系统，这个系统之中有六个要素，分别是，谁买（Who）、买什么（What）、为什么买（Why）、什么时候买（When）、什么地点买（Where）、如何买（How），这六个要素也被称为“5W1H”。

文化创意产品受众在购买过程中所发生的一系列行为反应犹如一只“黑箱”，看不见，摸不着。外部刺激经过“黑箱”产生反应后引起行为。因此，受众购买行为是“刺激—反应（S-R）”的行为。

对受众形成外界购买刺激的因素有两种：一种是营销刺激，主要包括由企业发起的各种营销活动，这类活动是可控的，与之相关的因素是产品、价格、分销以及促销；另一种是其他刺激，这种刺激主要包括受众受到的外部刺激，如政治、环境、经济、市场、文化等因素，这次外部因素会刺激受众的“黑箱”——心理活动过程，从而促使受众产生购买行为。

受众在接受刺激与反应之间的“黑箱”有两部分：一是受众的特性，包括受众的文化、个性心理、社会等因素，这些因素会影响到受众对于外部刺激的理解反应，不同特性的受众对于相同的外界刺激会产生不同的理解反应；二是受众的购买决策过程，包括受众确认需求、受众收集信息、对比产品选择、决定购买、购买之后的感受五个阶段。

（四）影响文化创意产品受众购买行为的因素

导致受众购买行为的主要原因是受众的需求和购买的欲望，而受众的购买需求、购买欲望以及购买行为和习惯受到多个因素的影响，这些影响因素之中既包括了个人的内在因素，如受众的个人心理因素，也包括外在环境因素，如社会因素、文化因素等。这些因素大多数是营销企业所无法控制的，但又必须要加以考虑的影响因素。

1. 个体特征因素

受众个体所具备的一些特征影响受众的购买行为，尤其是受众的年龄、收入水平、生活方式、学习专业、工作需求以及个人爱好等，这些个体特征需要企业给予重视。受众个体特征不同，所具备的购买方式、购买需求、购买动机也会有所差异。从年龄方面来看，年龄小的受众个体对于玩具、文具的需求更大，年龄大的受众个体对于养生类产品有更大的需求。从职业方面来看，教师更喜欢有文化内涵的产品，设计师更喜欢新潮的、有设计感的产品。从经济水平方面来看，高收入人群的消费水平更高，他们更喜欢高品位的、具有艺术性的产品，低收入人群更喜爱实用性强的产品。文化创意产品的设计师需要根据受众个体的特征对受众的购买行为进行分析，这样才能够更精准地设计出适合不同受众群体的产品。

2. 心理因素

一些西方的心理学家针对不同的人群提出了不同的人类动机理论，这些理论对于市场营销的策略和受众行为的分析有参考的价值。而在这些理论中，人本主义哲学家马斯洛的需求层次理论所产生的影响最为明显。根据马斯洛所提出的需求层次理论，他将人类的需求根据重要程度分为五个层次：生理的需求、安全的需求、社会的需求、尊重的需求和自我实现的需求。在文化创意产品设计中，人们有对于文化情感的需求，因此文化创意产品能够满足人类更高层次的需求。

马斯洛的需求层次理论的核心是，人类具有不同层次的需求和欲望，随时有待满足。

3. 文化因素

对受众的购买行为和购买需求影响最大的是文化，而文化是人类在政治、经济发展过程之中所有的精神活动和精神产品。文化无时无刻不在影响着人类的行为，任何人都是在文化环境中成长的，这就导致人们都会具备一定的行为习惯和思想观念。文化因素主要包括的内容有亚文化和社会阶层。

（1）亚文化

每一种文化之中都会有某些或大型或小型的亚文化群体，这些群体中的成员都拥有着特定的认同感，并通过亚文化的社会影响力联系在一起，因此每个群体中的成员都具备特定的价值观、生活习惯以及行为准则。亚文化群体主要包括民族群体、宗教群体、种族群体和地理区域群体。

（2）社会阶层

每一类型的社会中都有各种不同的社会阶层。这些社会阶层有其相对的同质性和持久性，它们按等级排列，每一阶层的成员都具有相似的兴趣、价值观和行为方式。个人能够改变自己的社会阶层，既可以晋升到更高阶层，也可能下降到较低的阶层。

4. 社会因素

文化因素并不是影响受众的消费行为的唯一因素，社会因素也能够影响受众的消费行为。社会因素指的是某一个受众个体受到其周围人的影响，最重要的是家庭、社会角色和地位以及相关群体的影响。

（1）家庭

家庭对于受众的购买行为会产生非常大的影响。由于家庭会直接影响到每个人的行为准则、思想、价值观以及其对世界的认识，因此家庭是重要的影响因素。

（2）社会角色和地位

社会角色是指一个人在不同场合中的身份。人在不同群体中的位置可用角色和地位来确定，这些都会影响个人的购买行为。

（3）相关群体

相关群体指的是能够对人们的行为、价值观、思想产生直接或间接影响的群体，也就是受众所在并能够相互影响的群体。而受到相关群体影响较大的企业在进行文化创意产品设计的过程中最关键的环节就是如何找到该群体的领袖。

二、文化创意产品的定位

文化创意产品的定位指的是潜在客户或已有客户对于文化创意产品的心理定位。在文化创意产品设计的过程中，文化创意产品的定位需要设计师站在市场的角度去进行市场需求分析，以此来确定产品的设计方向，最终使文化创意产品能够在市场中具有较强的竞争力。文化创意产品的定位会直接影响到产品最终的成败，市场调查对于文化创意产品设计十分重要，如果没有根据市场调查结果确定文化创意产品的定位，设计师的设计方向就会最终偏离受众的需求。

（一）文化创意产品人群定位

文化创意产品的使用人群是在文化创意产品设计过程中需要解决的第一个问题。设计师设计出的这个产品由谁来使用？消费者的年龄、性别、收入状况等需要十分明确。确定文化创意产品的消费人群对于文化创意产品的设计而言至关重要。企业所进行的所有的营销活动，都是针对目标受众的，如果目标受众出现偏差就会出现产品利润无法达到预期的情况。例如，在日本经济学家提出的“猫咪经济学”里，以“猫”为代表的周边往往备受青睐。猫爪杯是星巴克推出的系列产品，随着猫爪杯的意外爆红，原价 199 元的猫爪杯涨到了 1000 多元。星巴克借“猫奴”文化抓住了“社畜”青年的心。

（二）文化创意产品价格定位

市场上各种产品逐渐饱和，消费者在购买产品时一般会较为理智，消费者都希望买到性价比较高的产品。但是目前的文化创意产品普遍因为存在情感溢价而导致价格超过普通产品的价格，因此企业对于文化创意产品的价格定位就十分重要。价格定位指的就是企业根据产品的特点，将产品的价格确定在某一个区间之内，所以产品的价格不能简单地分为高档、低档，而是要根据市场调查结果进行综合考量。

（三）文化创意产品功能定位

文化创意产品的功能定位并非是一个宏观的概念，而是要考虑到市场中某些具体的需求，因为一个产品的实用性也是衡量该产品在市场中是否受欢迎的重要因素。例如，当消费者想要购买雨伞时，会对产品的功能进行定位，有些消费者看重的是雨伞是否时尚，有些消费者看重的是雨伞的遮阳功能，有些消费者看重的是雨伞的实用功能。不同的消费者对于雨伞的功能有不同的需求，因此会形成不同的消费群体。企业需要针对不同的消费群体制定不同的营销策略来满足不同消费者的需求。

（四）文化创意产品质量定位

文化创意产品质量定位也被称为产品的品质定位，这种定位的方式所重视的是产品良好的质量，是根据产品的品质对其进行定位的，即消费者通过产品的品质而对产品产生购买需求和购买欲望，并且在自己的心里对该产品进行定位。文化创意产品质量定位在文化创意产品定位中非常重要，因为当消费者在购买一件产品时首先就会关注产品的质量。如果产品的质量不好，那么就会让消费者有一次糟糕的消费经历，从而对该产品甚至该品牌失去信任，这不仅对消费者的经济造成了损失，还会影响到消费者的心理。因此，企业在制作文化创意产品时应该追求产品质量的高标准，要让产品被消费者长期使用。但是有些产品属于“快消品”（快速消费品），企业在设计这类产品时则不需要对产品的质量精益求精，只要能够满足消费者的日常使用需求即可。由于仿冒品、劣质产品较多，文化创意产品的质量问题是目前比较突出的问题。

第三节　文化创意产品的设计流程与管理

一、文化创意产品的设计流程

文化创意产品以市场需要为前提，进行产品开发立项，并根据设计和开发方案有计划地进行设计工作，确保开发进度、开发成本、开发质量能达到设计任务要求。

（一）项目确立与制订项目工作计划

1. 项目确立

当文化创意设计团队或者个人设计师接到文化创意设计项目的时候会有多种多样的项目形式，从总体上可以分为以下几种：创新性设计、改良型设计、概念性设计。无论是哪种设计项目，当设计师接到项目时都需要确立项目，同时签订项目合同，并且与发布项目的机构确定项目的完成时间以及最终完成的结果等。

2. 制订项目工作计划

文化创意产品的设计过程实际上就是解决设计问题的过程，对文化创意产品设计过程中遇到的问题提出解决的方案，并且对已经有的文化创意产品进行分析，最终得到一个对产品进行改良或者是重新创造的方案。在文化创意产品设计的开始阶段就需要制订一个详细的工作计划，要明确每个时间点的工作内容和工作结果，将整个设计过程的时间安排、内容进度以及制过程制成一张详细的计划表。

（二）项目调研与客户沟通

1. 项目调研

文化创意产品的设计需要以市场调查的结果为基础进行，市场调查也是每个设计师都应该做的准备工作。在获得调查结果之后，企业需要开展项目的讨论会议，对具体的设计准备工作和设计工作进行安排。每一个文化创意产品都会涉及受众需求、文化内容、材料成本、人工成本、审美取向、操作技术等一系列因素。设计团队或设计师需要对受众需求、文化内容、市场反馈、已有产品进行整理和分析，从而明确现阶段市场上受众的真正需求，最终设计出优秀的产品。

文化创意产品设计能否成功与消费者有着密切的关系。在设计之前，设计师必须科学有效地掌握相关信息和资料。市场调查包括设计背景调查、文化分析调查、竞争品牌调查、消费者调查，其中一个重要环节就是消费者调查。设计师站在消费者的角度对文化创意产品进行分析也是十分必要的。

2. 客户沟通

沟通指的是人与人之间相互分享信息的过程。而沟通还有一种定义是通过人与人之间相互分享信息从而对对方的思想、决策、行为产生影响，在沟通的过程中，信息就是这个系统的需求。因此，想要获取需求就要进行沟通，从而将系统需求的概念搭建出来，并且将系统需求的定义和理解进行统一，也就是系统应该做什么，不应该做什么。沟通的目的就是将信息传递给接收者，其可以通过听、说、写等方式进行。如何合理、高效地使用沟通技巧与客户进行沟通需要设计师或设计团队从多个方面进行改善。与客户沟通的方式通常有四种，即口头沟通、会议沟通、书面沟通以及演讲和报告。

（三）设计思维导图与设计方向分析

思维导图是指运用图文并重的技巧把各级主题的关系用相互隶属与相关的层级图表现出来，把主题关键词与图像、颜色等建立起记忆连接。思维导图充分运用左右脑的机能，利用记忆、阅读、思维的规律，协助人们在科学与艺术、逻辑与想象之间平衡发展，从而开启人类大脑的无限潜能。因此，思维导图具有强化人类思维的强大功能。

思维导图能够将设计师的思维在文化创意产品设计的过程中形象地展示出来。无论是设计师的一种感觉、一种设计思想，还是与文化相关的一个数字、一种颜色、一行文字、一种食物、一段节奏等，都能够成为一个设计思想的中心，并以此中心为基础衍生出无数个节点。每一个节点都能够与中心思想相连接，而每一个节点又能够成为另一个中心继续延伸出更多的节点，最终通过一个中心节点呈现出放射状的立体结构。这些中心和节点都是设计师的思想和记忆，这些思想和记忆以文字和图像的形式呈现出来，就如同人类的大脑连接着无数的神经元。文化创意产品设计的数据库就是如此构成的。

1. 设计思维导图遵循的规则

设计规则的目的不是要限制人们的思考，而是要通过这些与大脑运行（工作与学习方式）一致的特定技巧来帮助人们更快速地增强学习能力、记忆力以及创造力。设计思维导图应遵循如下规则。

①在纸的正中央用一个彩色图形或符号开始画思维导图。

②把写有主题的连线与中央图形连在一起。

③把线与线相连。

④用标准汉字。

⑤将标准汉字写在线条上。

⑥每条线上只能有一个关键词。

⑦在整个思维导图中都要使用色彩。

⑧在整个思维导图中都要使用图形。

⑨在整个思维导图中都要使用代码和符号。

2. 思维导图的绘制步骤

（1）素材

思维导图绘制素材是空白打印纸或其他白纸，可以用大一些的纸，A3 大小的纸就能提供足够的空间来记录各种细节。为了便于携带，可以找一个合适的文件夹来收纳。

（2）绘制形式

思维导图的分支通常是放射式层级结构，越重要的内容越靠近中心，由内向外逐渐扩展。画分支时通常从时钟钟面两点钟的位置开始，顺时针画。阅读思维导图自然也是从这个位置开始。

（3）专注关键词

关键词通常是名词，占词汇总量的 5% ～ 10%。人们使用思维导图比传统的笔记词汇量要多得多，这意味着无论是记忆还是阅读，人们将节约 90% 以上的时间。关键词用正楷字来书写，以便阅读时辨识，同时通过想象来帮助大脑将单词“图形化”。单词写在线条的上面，每条线上使用一个单词或短语，这样可以触发更多的想象和联系。字体可以根据需要进行变化，这有助于人们按照一定的视觉节奏进行阅读，同时也有助于人们的理解和记忆。

（4）连线

连线与所写的关键词或所画的图形等长，保证每条连线都与前一条连线的末端衔接起来，并从中心向外扩散。如果连线之间不衔接，那么在回忆的时候，思维也会跟着“断掉”，从而导致记忆的断层。

（5）增加颜色

人们生活在一个五彩缤纷的世界里，天生就喜欢色彩。在思维导图绘制过程中，与其用白纸黑笔写一些单调的文字，不如用水彩笔或彩色铅笔来标注关键词，画不同的线条。往往一些小小的改变，可能触发人们的记忆。

（6）箭头和符号

思维导图是一种能帮助人们增强对事物理解的方法，使人们了解到信息是如何相互联系在一起的。普通和优秀、成功与失败的区别也就在于人们是否知道知识与事物之间的内在关联。当同一个词出现在两个或更多的分支上时，说明这个词是一个新的主题，将贯穿在人们的记忆中。传统的线性笔记方式并不容易记忆。当人们发现一个词出现在不同的分支上时，用一个箭头连接它们，这样记忆也随之连接了。

（7）利用感官技巧启发更多记忆与灵感

闭上眼睛，做一个深呼吸，想象最喜欢吃的水果，它是苹果、橘子，还是菠萝？它是什么形状？什么颜色？用手触摸它的表皮时手有什么感觉？它闻起来是什么气味？通过这样的想象练习可以增强人们的感官体验，提升人们的理解力和记忆力。任何经历都是人们所有感官体验的总和，所以，要在思维导图中加入文字、图片，以便唤起人们其他的感官体验。

思维导图是一种非常有趣的、具有创造性的记录思维的方式。为了让思维导图更加有趣，让大脑处于兴奋状态，我们可以使用更多的感官技巧。学会制作思维导图的最大秘诀就是画思维导图，不断地画，关键还在于不断地应用，才能对设计产品有所帮助。

通过前期调查及思维导图绘制，设计师要把握问题的构成，以及明确问题的所在，将问题进行分解与分类。要认识问题首先要明确问题的结构，分析问题的组成要素。文化创意产品设计一般应从产品、环境、消费者和社会文化四个方面展开分析，以明确设计方向。

（四）设计构思与设计表现

1. 设计构思

设计构思是指对既有设计问题做许多可能的解决方案的思考。一般来说，构思是在意象物态化之前的心理活动，是“眼中自然”转化为“心中自然”的过程，是心中意象逐渐明朗化的过程。在文化创意产品设计构思阶段，设计构思指的是计划、构想、设立方案，也含有意向、作图、制型的意思。设计师应该充分发挥创造性思维，可以天马行空，无限畅想，想法越多解决方案越多。设计构思的过程往往是把较模糊的、不具体的形象加以明确和具体的过程。为保持思维的连贯性，设计师应及时把设计构思的内容展现在草图上。

没有设计构思，就谈不上设计；没有好的设计构思，就不可能产生好的设计。因此，研究设计构思对培养设计人员的基本素质，提高其设计水平有着积极的意义。设计构思在人们的生活和艺术创作中具有统筹和指导性意义。

2. 设计表现

文化创意产品是指通过设计师对文化的理解，将原生文化中某些元素进行提取应用到设计中，将文化元素与产品本身的创意相结合，形成的一种新型文化创意产品。

日本著名产品设计大师深泽直人说过：“对于一个设计师来说，需要具备能够把自己的创意用最完美的形态表现出来的经验和智慧。”根据符号学理论，文化创意产品的设计效果图作为一种符号，必然就具有符号学的一些特征。对于从事文化创意产品设计的设计师来讲，设计效果图是为了让客户能理解其设计思路，能记录自己的思维过程，能够和团队成员进行沟通合作，它是设计师与客户之间的“代表”或者说是媒介。比如，文化创意产品效果图就是代表了设计师的设计思想来与客户沟通的。效果图中的符号显示着某种意义，其是设计师当时想法的自然流露，与意义形影不离，一系列符号就构成了设计师的整个思维过程。

设计表现分为设计草图、设计效果图两种。设计草图是设计师将抽象的设计概念变为具体的形象的创造性过程。在设计灵感闪现时，设计师利用草图迅速捕捉和记录设计灵感，草图中的设计形象往往不具体、不完整，但可继续启发设计师产生其他的设计想法。这样在草图上展现的设计概念就越来越清晰、完整。设计效果图在设计草图的基础上进一步深化，从形态、功能、色彩、材质、工艺、结构等方面进行仿真体现，以求展现出较为现实的产品效果。设计效果图的表现方式可以是手绘，也可以是计算机绘制。设计效果图有利于客户直观地了解设计作品制作成成品后的效果，帮助客户进行决策。

（1）草图表现

①铅笔草图。铅笔分为普通铅笔和彩色铅笔。普通铅笔草图可反复擦拭、修改，起着塑造形体和局部准确造型的作用；彩色铅笔草图在造型结构确定后，可以反复勾勒线条，通过其笔画的粗细、浓淡效果来表现文化创意产品的立体感。

②马克笔草图。马克笔分为油性和水性两种。油性马克笔有较强的渗透力，色彩更加透明、鲜艳，尤其适合在描图纸（硫酸纸）上作图；水性马克笔的颜料可溶于水，通常用于在较紧密的卡纸或铜版纸上作画。

③钢笔与针管笔草图。利用钢笔与针管笔画草图和美术绘画较为相似，其在表现事物的形态特征的同时，更加注重绘画的风格特色，表现了文化创意产品设计风格与绘画风格的统一。

④电脑草图。电脑绘图是现在许多设计师更喜欢的一种绘制草图的方式，往往配合电脑外接手绘板，可以进行反复修改，能够达到与手绘效果图同样的效果。电脑绘制草图最大的优点在于其电子文件可随时保存与记录，便于与各部门、各软件系统连接，有利于完成下一步设计工作，提高了设计效率。

（2）效果图表现

文化创意产品的效果图分为手绘效果图和电脑效果图。手绘效果图主要以彩色铅笔、马克笔、色粉等多种工具的综合运用为主。电脑效果图是利用计算机辅助二维、三维软件进行设计，整体效果有手绘效果图所无法比拟的优势。常用的三维计算机辅助软件有 Rhino3D、3D StudioMax，二维软件有 Photoshop 与 CorelDRAW，后期效果渲染软件有 VRay 和 KeyShot。

（五）样品制作

文化创意产品样品（如图 4-3-1 和图 4-3-2 所示）制作需要设计师综合考虑产品的成本、工艺、材料等要求，选择合适的两家或两家以上供应商，根据设计及产品呈现要求安排打样。设计师要随时跟进供应商，以确保样品正确呈现和高效完成。在样品制作完成后，经审批最终确定样品以及详尽的产品信息等内容，之后批量生产。

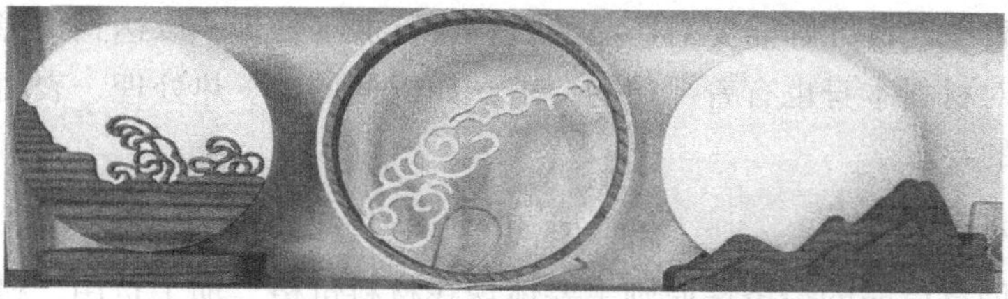

图 4-3-1　山水云月元素灯具设计

图 4-3-2　熊猫元素冰箱贴设计

材质在文化创意产品设计中占据着重要的地位，设计师必须要熟悉文化创意产品所需要用到的材料的属性和作用，并选用最合适的材料。在选用材料时，设计师要考虑产品在功能、工艺、经济性、环保性等方面的要求。文化创意产品材料选用要遵循功能性原则、工艺性原则、经济性原则和环保性原则等。

1. 功能性原则

文化创意产品的功能性原则是设计人员在产品设计时需要首先考虑的。材料能否满足产品功能直接关系到产品的品质。这主要体现在产品的功能、造型尺寸、可靠性、质量等方面对材料的要求上，以及产品某些特殊的功能属性要求，如防水、防尘、防震等方面的要求。这些都是设计师在选用产品材料时需要考虑的。

2. 工艺性原则

文化创意产品的工艺性原则主要体现在产品、工艺对材料的要求上。在产品设计过程中，设计师需要对产品的材料进行加工处理，以达到预想的效果。产品工艺对材料本身也有着严格的要求，如机械加工、热处理、表面处理等方面对材料的要求。

3. 经济性原则

文化创意产品的经济性原则主要体现在材料价格、加工费用、材料利用率等影响生产成本的因素对材料的要求上。追求利益最大化的经济属性要求设计师尽可能地降低生产成本，提高产品竞争力，提升产品的销售额和利润。如果可以，设计师要尽量用廉价材料来代替价格相对昂贵的稀有材料。

4. 环保性原则

文化创意产品的环保性原则是企业和设计师都应自觉遵循的原则。设计师应该在文化创意产品设计中充分考虑其环保要求，尽可能选用无污染、利用率高、可回收的材料，促进产品可持续利用，提升人们的环保意识。

（六）产品产量

为确保新产品顺利进入量产阶段，设计师要能提供正确的、完整的技术文件资料及新产品的成熟度验证。设计单位自然需要做好对策分析与设计变更的准备，提供样品、技术相关文件资料及零件采购资料。同时要监督工程单位完成以下工作。

①接受新产品技术、产品特性及生产作业性评估。

②进程安排，包括生产线的评估、绘制工程流程图、草拟 QC 工程图。同时，工程单位还要负责治具的准备、制程管制、机器设备架设、参数设定及问题分析等。

③规划新产品的测试方法，准备测试设备、治具及软件，还要负责生产线测试设备的架设，以及提供测试计划与测试产出分析。

④制定新产品评审会议日程。

（七）包装设计

文化创意产品在进行市场营销活动之前必须要进行包装设计，包装设计的成功与否会直接关系到该产品在市场之中的销售情况。包装设计体现一个产品和品牌的理念，它能够将产品的特性、品牌的效应完美地呈现出来，会对消费者的购买行为产生直接影响。设计师在设计包装的时候需要考虑如何将产品对于受众的亲和力建立起来。在全球化深入发展的今天，市场经济已经是一个整体，包装不仅能够对产品的使用价值和商品价值产生影响，还能够对产品的生产、物流、销售等渠道都产生影响，一个良好的包装设计不仅需要将产品进行保护，还需要将产品的信息准确传递给受众，并且要保证在物流和产品使用方面有良好的便利性，从而刺激受众购买，提升销售量。包装作为一门综合性学科，具有商品和艺术的双重性。①

（八）营销策划

文化创意产品营销策划直接决定着文化创意产品营销的成败。一个新产品在推向市场时，撰写产品营销策划书是必不可少的。文化创意产品市场消费行为实际上是一种情感运作，消费者对文化创意产品的消费行为是一种文化情景的情愫发酵。当消费者购买地方特色文化创意产品时，相当于将当地的人文背景带回家，因此，文化创意产品的价值就在于它背后的故事。这里要强调的是文化创意产品应该具备诱发这些情愫的元素。

如果文化创意产品在外观、材质或技法上的特征不明显，可通过企业的品牌形象或包装手法来实现。这里的包装是指文化创意产品的营销包装，如参与公益活动、特色活动的事件加持，就需要研究消费者的心理活动、购买行为以及购买决策等，接下来将分析消费者方面的因素。

1. 心理价值比较

消费者在选购文化创意产品时会对产品所带来的意蕴进行比较，如品牌价值，或是产品本身的故事，消费者都会用来做综合的价值比较。也就是说，如果产品不具备品牌价值，没有衍生故事，没有设计理念和价值观等的清楚传达，那么就无法激发消费者的购买动机。当然如果产品品牌深度不够，就成了可买可不买的产品。购买文化创意产品是一种心理层面的消费行为，如果产品无法在这方面创造价值，在市场上就几乎没有竞争力。

2. 个性化塑造

文化创意市场讲究的是人文、文化与创意，文化创意产品必须具备独一无二的个性。文化创意产品的个性是指能够与消费者心理层面沟通的个性，这个性是需要特别去塑造的，在创意上发挥的空间非常大。

3. 消费动机

口碑营销一直是消费行为中非常重要的一环，尤其在目前互联网消费的大浪潮中，更是激发了群体的购买动机。文化创意产品是一种心理价值的消费对象，一旦这种心理价值的影响力及传播性增强，必定会在消费者群体中创造更大的反响。

① 白远，池娟．文化创意产业发展比较研究：理论与产品的国际贸易［M］．北京：中国金融出版社，2009.

4. 消费趋势

当前有一种追求时尚的新消费趋势正蔓延开来，其动机不在于民生需求，也不在于物质享受，而在于思想认同。文化创意产品在这方面更是发挥了作用。

5. 消费者体验

普通产品大部分是用来满足消费者预期的需求的，而文化创意产品则是走进消费者的心里，让消费者在第一次接触及使用过程中，就感受到惊喜与感动。这种以创造体验价值为导向的产品，更能够让消费者产生认同感而成为忠实粉丝，从而为商家创造更多的商机。

（九）市场反馈与再设计

文化创意产品投入目标市场后，根据市场的信息反馈，企业需要对重大问题组织召开专题讨论会，组织人员落实产品的改进与升级工作，对产品进行进一步设计与优化，并且要妥善、及时、有效地处理消费者的反馈意见，不断提高产品质量，提高消费者满意度和产品竞争力。

二、文化创意产品设计流程管理

文化创意产品的设计已不再是几个设计师单独完成的事情，而是产品定位、工程设计、材料选择、模具打样、市场管理等各方面的相互配合、各领域的对接以及彼此互动。严格、高效的文化创意产品设计流程管理可以给企业带来巨大的收益，其中包括提高产品质量、改善客户服务、缩减时滞、减少成本、减少纸面作业、空间需求最小化、压缩管理层、提高应变能力、提高员工士气等。明确、清晰的管理流程能够帮助企业解决很多在管理运作过程中遇到的问题。文化创意产品设计流程管理可以保证项目的顺利进行，使企业少走弯路，从而确保项目利益和质量。文化创意产品设计流程主要分为系统化、标准化、模块化、流程化四种管理模式，分别反映在设计定位、创意过程、样品生产、营销反馈四个管理环节中。

第五章 文化创意产业与文化创意产品的传播

文化创意产品的信息已经成为在全世界传播速度最快的信息之一，其信息的传播速度已经超过了政治、经济等领域信息的传播速度。本章对文化创意产业与文化创意产品、文化创意产业的传播与创新进行了研究和阐述。

第一节 文化创意产业与文化创意产品

一、文化创意产业的市场分析

随着社会的发展，当前人们提到的文化创意产业还包括了文化产业、文化事业以及创意产业等。文化产业之中最重要的是文化，而创意产业之中最重要的是创意，但是仅仅依靠文化和创意是无法直接创造出财富和就业机会的，只有通过市场行为，将文化与创意进行产业化和技术化结合呈现出产品，才能够创造出市场价值。文化创意产业与上述两种产业有所不同，文化创意产业的重点是人在文化创意产品设计过程中所展现的文化和创意，同时还将市场作用作为重点进行强调，采取一系列的市场营销行为将文化与创意转换为财富，并给予大众一种新的文化想象。任何一种产业都有产业链，产业链中有两个重点，一个是产品，另一个就是市场。产业链的形成是产业发展的关键，一个产业发展的目的就是将项目的开发、制造、营销以及衍生品的开发进行整合，创造出一条完整的产业链，发挥出产业整合所带来的效益。

（一）文化创意产业的发展需要市场作为保障

要想快速发展文化创意产业，就需要将“文化”“设计”“创意”“产业”“市场”各个环节连接起来，完善整个产业链。文化创意产业的产业链一旦形成，就能够将文化创意产业的市场价值体现出来。例如，动漫产业在日本已成为第二大支柱产业，已经形成了一套非常完整且成熟的产业链。日本的动漫产业有非常成熟的市场运作模式，具备了明确的市场路线、细致的分级，形式也是多种多样，如小说改编动画、漫画改编动画、游戏改编动画、原创动画等形式。在目前，我国某些文化创意产业还没有形成完整的产业链，缺乏市场保证，所以无法体现自身在市场中的价值。而就我国文化创意产业整体而言，由于资源浪费、市场定位不明确、产品功能单一等原因，我国文化创意产业的发展速度较慢。

（二）我国文化创意产业市场定位不够清晰

文化对于文化创意产业十分重要，有些人在听到“产业”一词时就会下意识地联想到财富、利润等，也因此在市场上产生了许多假借文化之名，却没有丝毫文化内涵的项目。文化创意产业是需要各个环节相互作用最终形成产业链的，而不是仅仅依靠古代的和现代的文化进行原封不动的照搬。文化创意产业之中，创意与文化同样重要，这也是文化创意产业的保障。我国有很多企业对于市场的认识不正确，导致其盲目地对祖宗留下的文化遗产进行商业化，以为这就是文化创意产业，我国许多珍贵的文化遗产以这种形式被破坏，导致了文化的流失。因此，文化创意产业需要企业对市场有正确的定位和理解，要能够挖掘出文化的真正内涵。

我国很多企业对市场的定位和理解不够清晰，缺乏自主创新的能力，因此我国的文化创意产业项目所衍生出的产品出现了雷同的趋势，使我国现阶段的文化创意产品同质化严重。

（三）要寻求市场发展与文化创意产业发展的平衡点

对于文化创意产业而言市场极为重要，产业是文化创意产业的保障。但是从艺术市场的角度来看，市场、盈利与产品价值需要找到一个平衡点，不能只想着盈利，只想着进入市场，而失去了产品本身应该存在的文化内涵，忽略了创作的初衷。有些产品在当前的市场竞争压力之下会陷入两难的境地，设计师的设计初衷会被市场价值所挤压，而那些真正有着文化内涵、艺术审美的产品则会因为被判定没有市场价值而被埋没。有些产品一味地迎合市场的需求和受众的口味，完全失去了文化内涵，并且对于社会也没有起到引导的作用。因此市场对于文化创意产品是一把双刃剑，只有寻找到市场、盈利与产品价值的平衡点才能够创造出优秀的文化创意产业项目。

在文化创意产业之中，文化是动力源，创意是关键点，产业是保障。文化创意产业的发展无法脱离市场的发展和产业的保障。文化创意产业的发展必须要对市场有清晰的认识，要能够明确市场的定位和作用，在设计文化创意产业项目时不仅要考虑到产品本身，还要对市场以及受众的需求予以重视。

二、文化创意产品及其受众的特点

（一）文化创意产品的独特性

文化创意产品与其他产品有所差异，如果说其他的产品涵盖了人们的衣食住行，是人们生活中的必需品，那么文化创意产品的存在就完全是为了增添人们生活之中的情趣。因此，文化创意产品与大型的艺术品不同，不是那种只能观看却无法使用的物品，它既可以作为人们生活之中所使用的物品，也可以因为自身具备文化内涵而作为被人们所收藏的藏品。

创意经济之父约翰·霍金斯认为，文化创意产品是一种具有经济价值的创造性商品，这一理论完美诠释了当今文化创意产业的“物化”现象。当人们能看到荧幕之中的超级英雄，并且能够触摸、感受这种原比例还原的模型，就会有很多人不禁想要收藏它，或者还有些人对于文化创意产业所涉及的项目和内容还一无所知，但是他们却早已经被文化创意产业打上了终端的标签。那些被“物化”的文化创意产品是通过文化创意产业的产业链制作出来的，它们从诞生的一刻起就已经被打上了标签，并被赋予了品牌形象和品牌意义。

“物化”的文化创意产品包含了文化与创意的所有特征。在文化创意产品这一特殊的产品集群中，文化属性是支撑整个产品的重要基石，奠定了其以物质文化为基础，以精神文化为中心的产品性质。文化创意产品的流行不会少了“文化”的推动。

（二）文化创意产品受众的特点

根据文化创意产品的不同的属性，人们将文化创意产品的受众行为大体分为两类。一类是以公共属性为基础的普通消费行为，另一类是以文化创意产品的核心——文化为基础而产生的消费行为。影响前者的是文化创意产品的定价和受众的收入，而影响后者的是受众对于产品的认同感。

定价和收入的因素很好理解，因为文化创意产品从某种角度上看是一种需求和价格具有弹性的产品，其对于受众的收入要求也具有弹性，因此受众只在满足相应的条件之后才会产生购买行为。而对于文化的因素而言，其受众群体是有着同一特定生活方式的群体，这种群体会对某一产品或是文化活动有着较高的认可度和忠诚度。这个群体的成员之间有着某些相同的认同感、思维情感、消费观念以及生活方式。这一群体对于文化创意产品的设计以及市场销售会产生巨大的影响，甚至会产生主导作用。所以，对于文化创意产品而言，受众的认同才是产品在市场之中盈利的关键因素，只有受众认可产品并为之产生购买行为，文化创意产品才能够得到良好的发展。

三、我国发展文化创意产业的基本条件和对策

（一）我国发展文化创意产业的基本条件

文化创意产业发展有着深刻的时代背景，是一个国家或地区经济和社会发展到一定阶段的产物，同时，其更需要有一定的产业基础条件作为支撑，经济、文化、政治、法律等条件缺一不可。

1. 创意经济的时代背景形成了文化创意产业的土壤

在全球化深入发展的今天，市场经济对于各国的政治、经济、文化、资本、科技等方面产生了巨大的影响，也促进各国之间展开了深入的交流与合作。但是不同文化之间的交流也产生了矛盾与碰撞。一方面，各国之间的深入交流使文化创意产业更加多元化，不同的文化、理念、生活方式、价值观、审美取向与科技相互融合造就出多元文化。多元文化现在已经变成文化创意产业的最佳载体，它帮助了那些本真文化并将其普及给更多的人，使这些文化被大众所接受、理解和尊重。另一方面，一些强势的文化开始入侵其他文化，使世界的道德伦理观念产生同质化，这种文化入侵的现象也提醒了各个国家要对自己的本土文化加大保护力度，要始终传承和发扬自身的民族文化，只有保证了自身民族文化的发展才能够在全球化的今天获得话语权。同时，基于国家利益和文化安全的考虑，文化创意产业开始成为各个国家和地区凸显地域特色，提高竞争力和影响力的有力武器。文化创意产业作为一种新的范式，正在成为新的经济增长点和国家政策的重要内容。

2. 精神消费升级催生了文化创意产业的市场需求

自从我国改革开放以来，我国的城市和农村人民的物质生活水平得到了极大的提升，这也意味着我国的市场和人们的需求在不断升级和转型，这种变化

主要发生在大众的消费观念上面，人们从一开始只要求产品的功能性转变为对产品的功能和内涵都有需求。物质产品已经满足了大众的基本需求，这使物质产品的成本边际效应开始递减，随之而来的便是精神成本边际效应的提升，人们开始追求精神上、心理上的需求，大众的消费观念从最开始的“吃饱喝足”转变成为“追求生活质量”。在现阶段，大众的主导性需求已经变成精神需求和情感需求，而这种需求则需要通过赋予产品文化内涵来满足。人们对于穿着等方面的支出比重在逐年下降，而对于文化娱乐、教育、医疗、电子产品以及旅游等热点消费项目越来越看重。虽然城乡消费结构有一定差距，但都出现了从以生活必需品为主逐渐向以非必需品为主的转变，物质消费出现了多样性、多变性和高档次性的趋势，出现了大众对生活质量、精神生活和环境等非物质消费大大增加等现象。

3. 人文资源丰富提供了文化创意产业发展的内容

人文资源是人类在适应自然和改造自然过程中所创造的物质文化和精神文化的总和。我国有着深厚的历史积淀、优美的自然风光与丰富的文化资源，不同时代、不同民族所创造出的精神文化与物质文化都是十分绚烂夺目的，文化创意产业也以此为基础设计出很多项目。例如，以我国的自然风景为蓝本，将知名的山川河流、海洋湖泊、草原林地作为文化创意产品的背景元素；将诸多的历史遗迹、名胜古迹、物质文化遗产作为文化创意产品的构成元素；将具有鲜明民族特色的技艺、美食、文化等资源作为文化创意产品的元素；将中国古代的神话传说、宗教信仰、民俗习惯等作为文化创意产品的元素等。上述人文资源都是创意灵感和产品的重要来源，花木兰、孙悟空、熊猫等中国文化元素都陆续成为世界文化创意产业挖掘的重要资源。

（二）我国发展文化创意产业的对策

1. 独辟蹊径，走中国特色的文化创意产业发展道路

现阶段，我国的文化创意产业已经发展成为将企业作为主体、将市场作为发展导向、将受众作为设计中心、将文化体制改革作为发展动力、将数字和内容作为传播媒介、将知识产权作为行业保障的具有中国特色的发展模式。这种发展模式的重点在于从本质上重视人在文化创意产业发展中的地位，将培养文化创意企业人才作为起点，将满足受众的需求作为目的。中国文化创意产业的发展模式确立了将人作为基本点的全面发展路径，这个发展路径也符合科学的发展思想。

2. 解放思想，深化文化创意产业体制改革

文化体制改革不仅涉及文化领域，而且是关系到整个社会的发展模式和发展形态的重大社会变革，是一项思想性、政策性很强的社会系统工程，既涉及经济基础又关乎上层建筑，科学、有效地进行改革，才能确保改革的成效。

3. 统一标准，建立健全文化创意产业法律规章制度

我国需要完善相关的法律法规，一是将我国现存的有关知识产权的法律法规进行修订，如著作权法、著作权实施条例、专利法、专利法实施条例等法律法规的修订完善，同时相关法律法规的内容也需要与时代同步。二是对宪法、民法以及其他相关的法律法规中有关知识产权的条例和内容进行完善，特别是在相关法律法规界限的明晰方面要保持一致。三是制定好文化创意产业专项法律规范。对于文化创意产业与数字内容、多媒体、互联网等相互融合出现的新兴业态，如动漫、电影、出版印刷等应逐步制定专项法律法规，明晰版权保护范围与内容以及规定侵权处理等。四是对接好知识产权国际公约，应与《与贸易有关的知识产权协定》《保护文学和艺术作品伯尔尼公约》《世界知识产权组织版权条约》及《世界知识产权组织表演和录音制品条约》等相符合，与国际惯例和其发展趋势相适应，积极参与国际知识产权规则的制定和完善。

4. 打造品牌，不断提高文化贸易的国际竞争力

坚持文化“走出去”战略。中国要使自己的文化走出国门，走向世界。这代表着文化创意产品需要先“走出去”，文化创意产品及时、服务、管理等方面的对外输出能够辅助文化贸易的发展，提升产品在国际上的竞争力。文化“走出去”还代表着文化资本“走出去”，也就是中国的本土企业要与外国企业进行合作，在外国投资建立工厂，打开国际市场。文化“走出去”代表着我们要制定一系列与国际贸易组织的制度相关的外贸体制与体系，通过对外输出文化创意产品提升中国在国际贸易中的地位。最后，文化“走出去”在本质上意味着通过文化创意产品传递中国核心价值体系，增加世界各国的文化理解和文化宽容，增加中国在国际世界中的话语权。

大力拓展文化服务贸易的空间和渠道，加大对美国、英国、德国、法国、加拿大等文化圈国家文化的宣传和推广，同时兼顾东亚文化圈、阿拉伯文化圈、斯拉夫文化圈、基督教文化圈以及非洲文化圈的文化贸易推广，建立中国与世界各国文化交流的平台，通过各种文化活动以及灵活多样的策略、手段和技巧，消除和打破西方文化对中国文化的防范，将最优秀的中华文化传播到世界各国。目前，中国已与多国展开政府间的文化合作，五百多所孔子学院走出国门，多家跨国公司的传播效应提升了文化传播的效率和效益。

第二节　文化创意产业的传播与创新

一、文化创意产业的传播

根据记载，十八世纪的英国已经出现了文化创意产业的雏形，只不过在长时间以来，人们一直没有将文化创意视为一种产业。在 1986 年，著名的经济学家保罗·罗默就曾经提出新的创意会衍生出无限的产品和市场以及就业机会，因此新的创意才会成为推动国家经济发展的重要动力之一。第一个提出将文化创意产业作为国家的产业政策和战略的国家是英国。在布莱尔担任首相之后提出了“新英国”的构想，由此文化创意产业观念被英国正式提出，英国也希望通过这种方式扭转世界其他各国人民对于英国是传统工业国家的落后看法。

当市场经济发展到一定阶段之后必定会出现文化创意产业，这是发达国家所引领的经济趋势，文化创意产业也是全球最有发展潜力的产业之一。文化创意产业的竞争已经进入中国。当我们以传播学的视角去分析时，我们能够发现与文化创意相关的信息在传播速度上总是最快的，它远快于经济、政治等方面信息的传播速度，即便是全球陷入经济危机，文化创意产业也能够逆流而上，为萎靡的市场经济注入新的活力，这也代表着文化创意产业的发展前景巨大。

（一）传播内容

各个国家对于文化创意产业的认识和理解不同，各个国家自身的经济发展情况也有所差距，因此各个国家对于文化创意产业的分类不同。从我国的文化创意产业发展的相关报告来看，我国的文化创意产业的传播内容主要有以下几个方面：广告、音乐、影视、表演、服装、出版物、软件开发、网站、建筑设计、艺术品设计等。我国的文化创意产业根据行业进行划分可以分为四类：文化艺术类、传媒产业类、创意设计类以及计算机服务和软件开发类。相对于其他国家来说，我国的文化创意产业分类涵盖范围比较广泛，这也表明了我们国家的文化创意产业在全面发展。

（二）传播路径

信息的发送是需要传播和接收的。好的创意产品也必须借助一定的载体，经过传播后被人们接收并理解，否则不会有发展，创意也失去了本质意义。目前，文化创意产业的传播路径主要有以下几个方面。

1. 网络与新媒体传播

新媒体的出现改变了我们的文化行为方式。网络与新媒体传播是具备一定优势的，而且这种优势大大影响和改变了人类的文化信息接收方式与处理能力。网络新媒体的传播方式可分为以下几种：多人对个人、个人对个人和个人对多人的异步传播，是指信息的接收者通过使用网络寻找所需信息的活动，如搜索内容并浏览网页和远程通信等；个人对个人的异步传播，如电子邮件；个人对个人、个人对少数人、个人对多人的同步传播，如网络在线闲谈、多用户游戏等；多人对多人的异步传播，如新闻讨论组、电子公告牌和电子论坛等。可以说，到目前为止，网络与新媒体传播是速度最快、传播范围最广、最易达到效果的方式。而且借助网络作为发展和传播载体的文化创意产业，能够与接收者达到最大程度上的沟通交流，更有利于本产业的发展。

2. 视觉媒体传播

凡是通过视觉传递信息的媒体都属于视觉媒体。视觉媒体是人类最丰富的信息来源。人类很早就有了视觉经验，也就是看的经验，可以通俗地理解为“观看”，这是人类最常见的行为，继而有了视觉文化和视觉传播。在眼球经济的时代，视觉媒体在吸引眼球方面从来都是最有效的工具，文化创意产业借助这样的载体可以得到更加广泛的传播。比如，艺术人文频道 2009 年全力打造的全国第一档创意文化类节目，这个节目涵盖了艺术、文化、科技、生活等各领域最前沿的创意故事，该节目旨在通过为观众提供来自全世界各地的最新鲜的创意视觉、最经典的创意案例，展现在创意产业化的背景下，各路英才的创意集智，激发各阶层观众的创意热情。而通过电视节目这样的视觉媒体传播，文化创意产业能够得到更多的关注，大大增加了传播成功的可能性。

3. 图书等出版物传播

虽然传统的报业和出版业受到了新媒体的冲击，但是从官方发布和统计的数据来看，在未来数十年中，出版业依然是比较有发展潜力和发展前景的，出版业作为传播途径仍是关注的重点。十七大召开以后，国内关于文化创意产业方面的图书日益增多，有了一定的读者群，有关文化创意产业的图书在各大书店成为常销并畅销的书籍，这一方面体现出文化创意产业的内容越来越受到专家学者的关注，另一方面体现出在目前社会上人们对文化创意产业相关知识的迫切需求。

（三）传播效果

影响传播效果的因素是多方面的，这包括传播过程的每一步和每一个要素，这些都会不同程度地影响效果的产生。但最终还是以受众接受程度来分析传播效果。对于文化创意产业而言，最为直接的表现就是文化创意产品带给受众是否有思想、态度和行为方面的变化。间接的表现则是受众对于文化创意产品的消费情况，或者说给文化创意产业带来的利润。在通常情况下，文化创意产业的传播效果可以直接从受众对于文化创意产品的接受程度与产业所产生的利润两方面得到直观的体现。美国将文化创意产业也称为“版权产业”，即核心版权产业、交叉版权产业、部分版权产业与边缘支撑产业。美国对于文化创意产业一向奉行“高投入、高回报”的信条，追求利润最大化一直是美国对文化创意产业的第一目标。但是，只依靠高额的投入是无法取得高回报的，美国对于市场的重要性理解得十分透彻，美国的文化创意产业始终按照严格的市场规律进行，通过对产品的设计研发、搭建全球范围内的销售网络、高额的宣传投入和多种销售方式实现利润的最大化。我们以北京为例对中国的文化创意产业进行分析，自 2012 年以来，在全球经济萎靡的情况下，北京的文化创意产业却逆流而上，发展速度不降反增，这足以说明虽然我国与美国的文化创意产业还存在着差距，但是随着受众对于文化创意产品的需求，这种差距正在逐渐缩小，中国的文化创意产业的利润也在不断上升，这代表着我国的文化创意产业传播效果也在提升。

二、文化创意产业与传播路径的关系

（一）文化创意产业的发展离不开传播路径的引导

每一种产业都需要被正确引导，如果只是追求发展的速度，却偏离了发展的方向，最终就会导致产业走向没落。文化创意产业更是如此，文化创意产业通常会将几种或几十种产业进行融合，这其中每一个产业应该如何发展、文化创意产业整体的发展方向以及文化创意产业的推广方向都需要一个符合时代发展趋势的传播路径进行引导，只有不断集思广益、推陈出新，文化创意产业的发展之路才会越走越广阔。

（二）传播路径的选择取决于文化创意产业内容的专业性

由于文化创意产业的内容十分复杂且不乏特殊性，所以文化创意产业的传播路径是多种多样的。每一种行业的特征都决定了其使用哪一种传播路径，如果不对该行业进行深入的分析和理解，盲目地使用同一种传播路径，那么文化创意产业就会失去自身的独特性，文化创意产业也就失去了市场价值。总之，文化创意产业的发展方向需要传播路径的引导，但是要根据文化创意产业具体的内容采用不同的传播路径。

三、文化创意产业传播的创新

文化自古以来就能够产生价值，古时的“洛阳纸贵”就充分显示出了文化所产生的价值。提出文化工业概念的马克斯·霍克海默与西奥多·阿道尔诺也承认，“早在文化工业出现以前，娱乐和文化工业的所有要素就已经存在了，一直到今天，它们都是自上而下被承袭下来的”。但是文化的产业化则是近代的事情。在霍克海默和阿道尔诺的时代，西欧的文化已经开始经由工业化复制，由此引起了高雅文化向大众文化的转向。

我们探讨文化创意产业传播的创新的思路主要围绕文化内容创新、形式创新、技术创新、载体创新、渠道创新展开。文化创意产业的目标决定了文化创意产品的内容及其创新，而文化创意产品的内容又决定了可采取的表达形式与技术，内容、形式与技术的共同作用产生了文化创意产品，文化创意产品的成品需要通过不同类型的载体加以保存与传播，不同的载体适用于不同的传播渠道，各种渠道的综合使用一起扩大了文化创意产品的知名度，并塑造成文化品牌。

（一）文化创意产业创新动因

文化创意产业自身所具备的创新性是区别于它与其他产业的最大因素。根据美籍奥地利经济学家熊彼特的创新理论，文化创意产业中已经包括了他所提到的产品创新、技术创新、市场创新、管理创新以及组织创新这几个元素。文化创意产业创新的驱动力主要表现在以下几个方面。

1. 产业驱动

文化创意产业发展的过程是一个不断创新的过程，是市场、文化、科技等多方面因素所融合的产物，文化创意产业的核心竞争力就是创新。在当前，文化创意产业已经无法脱离信息技术、传播技术与自动化技术，它所呈现的特性是丰富的知识性与高智能性。文化创意产业一直处在科技创新与研发产品等产业价值链的高端位置，这也是文化创意产业的高附加价值特征。文化创意产品所具备的创新性、文化性、高科技型也是普通产品所无法比拟的。

2. 价值驱动

熊彼特认为优秀的创新者能够在短时间内从自己所创造出的产品之中获得利润。文化创意产业的增值过程就是创新，文化创意产业的增值能够有效提升市场经济效益和社会效益。文化创意企业可以雇佣或培养创新者为自己创造利润，或者自己成为产品的制造商，通过生产和营销文化创意产品来获得利润。文化创意产业创新的内在核心驱动力是追求文化价值和经济效益，不断进行产品的创新不仅可以提升产品的质量，还能够替代因为质量或受欢迎程度下降的产品，对产品的价值链进行延伸。

3. 技术驱动

文化创意产业创新的技术驱动是“技术进步论”。“技术进步论”来源于范内瓦·布什的技术进步思想。只要企业产品创新所涉及的具体技术具有一定的实用价值和科技含量，基于该技术的创新产品一旦投放市场，就会在市场上产生一定的商业价值。科技发展的每一步都对产业的发展产生重要影响。技术革命可以改变整个社会的生产方式、生活方式和思维方式。科技的发展在相当程度上改变了工业生态环境和社会环境，尤其是数字技术的发展，促进了新的生产环境发展。以图书产品为例，从活字印刷出版到机器印刷出版再到电子出版和云出版，每一个产品在形式上和功能上的创新都与技术密切相关。

4. 市场驱动

党的十八届三中全会提出，市场在资源配置中具有决定性作用，因此市场环境将直接影响文化创意产业的创新。文化创意产品市场的不断扩大，吸引了资本、人才等市场要素的集聚，设计生产文化创意产品。文化创意产业创新的市场驱动逻辑是“需求中心论”。按照市场驱动逻辑，文化创意产业创新活动要以市场需求为导向，设计和开发公众需要的文化创意产品。

（二）文化创意产业创新要实现共享

对于普通商品而言，一般认为生产的目标是利润或价值最大化。但对于文化创意产品来说，生产的目标或多或少是复杂的或多重的。分析文化创意产品生产的目标，首先要分析文化创意产品的功能。文化的功能包括传播价值、传播文化和承载价值三种。文化可以传播价值观。事实上，人们的价值体系是由文化驱动的。法国社会学家布尔迪厄认为，由于精英在文化创意生产中的主导地位，精英价值观可以转化为整个社会的文化资本。精英可以将自己的理想嵌入整个社会中，并将其内化为整个社会的有机组成部分。这实际上是一种意识形态功能。当前的趋势是缩小思想文化创意产品领域，使文化创意产品生产获得独立的创作精神。

文化是人类的共同财富，因此文化创意产品具有准公共物品的性质。实现这一功能的途径有三个：第一，由图书馆、博物馆等公共文化机构提供；第二，商业文化制作者向公众赠送富有表现力的礼物（慈善演出、免费观看）；第三，由企业提供，政府支付，群众共享。公共产品只有为社会大多数人所享受，其效用才能实现最大化。

（三）文化创意产业创新要实现内容创新

产品创新是文化创意产业创新的核心，体现了文化创意产业的竞争力。好的创新必须从内、外两个方面进行，首先是生产创新，其次是传播创新和流通创新。产品创新包括内容创新、形式创新和技术创新。

文化创意产业是内容产业，这是文化创意产业方面的学者都认同的。文化创意产业的创新必须以内容创新为核心。中国在内容创新方面始终在美国、日本和韩国等国家之后，这也是阻碍中国文化创意产业发展的关键问题。开展内容创新，需要做到以下几点。一是以受众为出发点，以满足受众需求为重点进行文化创意产品的创作和生产。二是国际文化在于发掘民族传统文化，塑造具有中国特色的文化内容。过去大量模仿美日，只造成中国文化创意产品同质化和低端无序竞争。三是真实贴近生活细节。中国文化创意产品要么是追求氛围和大场面而创作的，要么是虚拟化的、充满幻想的，未来的努力方向应以共性规律为基础，文化创意产品的最佳意境应是贴近现实、诠释现实、再现现实、启发现实。

（四）文化创意产业创新要实现传播创新

传播渠道有四种：一是媒体传播，包括电视、电影、报纸、广播、杂志和互联网；二是组织沟通，主要有单位传递；三是人际交往，包括电话、短信、访谈等；四是销售沟通，如买家在现场对产品进行评论，并进行销售展示。

传播创新包括传播渠道和传播方式的创新。我们可以用“借、引、传、教”来概括其内容。所谓“借”，就是利用他人的力量达到传播自身价值的目的。这意味着其他人不是普通人，而是那些能在观众中引起轰动的人。所谓“引”，就是将自己的内容、想法、创意和产品嵌入其他受众广泛的行业中，从而增加曝光量，扩大自己的市场容量。所谓“传”，就是口碑效应，是传递和延续信息的直接有效方式。有时甚至可以达到媒体广告无法达到的效果。所谓“教”，就是通过正规渠道把自己的文化创意产品信息告诉人们。人们在了解了文化创意产品之后才会购买。

第六章　新媒体背景下文化创意产品的传播媒介

本章从新媒体时代营销传播的特征和文化创意产品的媒介传播入手进行研究，并逐一对文化创意产品的影视媒介传播、文化创意产品的博物馆媒介传播、文化创意产品的纸媒介传播，文化创意产品的网络媒介传播进行了研究与分析。

第一节　新媒体时代营销传播的特征

一、新媒体与新媒体营销传播

（一）什么是新媒体

关于新媒体目前还没有一个能够让所有人都达成共识的定义，这也是一直以来学术界和社会共同讨论的议题。在这里，本书以北京大学新闻与传播学院教授陈刚给出的定义为基础进行研究。陈刚认为，新媒体是以大众传播的长期发展为基础，以数字技术为依托形成的一种新型的传播方式。新媒体与传统媒体的本质区别就是新媒体已经超越了媒体的本身，是一种媒体的淡化，是虚拟和还原大众生活的传播活动。新媒体的传播方式是非常复杂的，它能够构建出一个崭新的传播平台，在这个全新的传播平台上，无论是人际传播、自我传播、组织传播和大众传播都能够拥有自己的位置。新媒体的特征是及时性、开放性、便捷性、互动性、分众性、个性化、信息海量化以及低成本。

（二）什么是新媒体营销传播

陈刚对新媒体营销传播的概念做出解释，新媒体营销传播指的是企业以数字技术为依托进行的传播管理。随着科学技术的发展，数字技术的成熟为传播创造了新的环境，与此同时，数字化技术还为企业提供了解决营销传播问题的新方向。简单来说，新媒体营销传播指的就是企业运用新媒体平台进行各种各样的营销活动，如使用微博和微信等新媒体平台作为信息的传播渠道，将企业相关的营销信息传递给受众等一系列营销活动。

二、新媒体时代营销传播的创新特征

（一）多元化、复合式的传播接触点

在新媒体时代，企业要想进行营销传播则需要利用新的传播平台。随着数字技术的飞速发展，人们已经进入移动互联网时代，数字技术与移动互联网技术的飞速发展使现在的传播媒介和终端变得智能化和多元化。无论是手机、电脑、电视还是户外显示屏都能够通过互联网将微博、微信等多样化的复合平台作为传播的媒介，这些平台也是企业的进行营销传播的重要接触点。这些传播的接触点并不是只能起到信息中介的作用，其还能够将企业、产品和受众进行连接，使三者进行交流，使受众自身成为一个超级连接者。传播接触的多元化与复合式不仅能够帮助企业在最短的时间内了解到受众的需求变化，还能够以传播目标为基础帮助企业设计高效的营销传播方案，提升企业的传播效率。

（二）信任化、互动化的传播关系

企业需要在营销传播活动过程中处理的关键问题是将自身与受众之间的信任关系建立起来，而想要建立企业与消费者之间的信任关系就需要加强双方的交流。以往的营销传播都是企业在大众媒体平台上打广告，进行单向的信息传递，这种单向的信息传递是无法使企业与消费者进行互动的，企业对于消费者的需求信息不能够及时地掌握。现在，企业可以依托互联网和多个新媒体平台进行信息的发布与互动，消费者可以在互联网上提出自己的需求，企业与消费者之间不再有距离感，企业能够与消费者进行及时的交流与沟通，将自己设计产品的理念与文化传递给社会和消费者。

（三）多样化、独特化的传播内容

在新媒体时代的营销传播过程中，不仅仅是传播关系发生了变化，传播的信息内容也在伴随着媒介技术的发展而不断变化。第一，传播内容类型的变化。现阶段大众已经开始适应移动互联网所带来的便利性，移动终端设备不仅能够传递文字、图片，还能够传递视频、文件、实时位置等信息内容，企业可以依托于这种传播内容的变化进行营销策略的调整。第二，传播内容的展现方式独

特化。随着移动互联网技术的成熟其出现了许多新的功能，如使用语音进行信息的搜索，移动终端的“摇一摇”功能等，企业将这些功能不断进行优化能够给予消费者更好的体验。另外，在新媒体时代，企业在进行营销传播时，传递的信息内容需要更加贴合消费者的需求，更加有趣、有看点，并且要能够及时进行调整和完善。

第二节　文化创意产品的媒介传播

一、文化创意产业与媒介的关系

伴随着经济全球化的逐渐深入，文化创意产业的分工和合作已经非常成熟，许多国际性企业已经能够进行大规模生产。特别是在目前的市场上，受众面对着琳琅满目的产品往往会陷入选择困难的境地，并且产品更新换代的速度越来越快，传播媒介的传播效率也越来越高，这就意味着企业如果想要在市场中使自己的产品占据一席之地，就需要生产出十分优秀的产品。媒介已经成为人类生活中不可缺少的一部分，它处在人们生活中的每个角落，对人们的生产、生活产生了新的影响，与此同时，媒介也是构成文化创意产业的重要组成部分。

（一）电影与媒介传播

电影是文化创意产业之中非常重要的一部分，它要求电影制作人不断进行创新，去满足市场和受众的精神需求。在电影生产和发展的过程中，媒介所产生的促进作用体现在每个环节中。随着社会的发展，现代的物质资源越来越丰富，大众对于产品的选择需求变得越来越多元化，大众越来越追求个性化的艺术与审美，而电影便恰恰符合了这个时代需求。现代科技的发展使信息技术、传播技术、自动化技术以及激光技术得到飞速的提升，也使人们将这些技术应用在各个领域之中，给现代的文化活动带来了影响，文化领域迎来了至关重要的革命浪潮。电影在诞生之初就是象征着科技进步的产品，而现代的电影更是需要高科技给予支持才能够将电影的效果呈现出来，在这方面美国这个电影帝国已经有所验证。因此，现代中国电影的发展需要依靠中国的高科技技术和网络数字化技术，并将现代高科技发展作为基础，将数字化、影视化、图像化进行整合，最终实现综合性开发和营销。

（二）广告与媒介传播

广告产业的发展也体现出了文化创意产业与媒介之间的相互作用和互惠互利的关系。媒介的功能在广告产业之中越来越能体现出组合化、人性化、高科技化的现代特征，文化创意产业与媒介在广告制作过程中形成了统一，这两者之间的关系在广告效果上有集中的体现。分众传媒就是一个非常成功的例子，分众传媒的首席执行官江南春要将分众传媒在合适的时间、合适的位置开展广告营销模式。江南春首先想到的是将人们在电梯中的碎片时间作为人们观看广告的时间，以此来挖掘人们的潜在需求。其结果自然是大获成功，分众传媒在全国40多个城市安装了2万多块液晶广告牌，并且得到了许多投资商的支持，而做到这步仅仅用了两年的时间。分众传媒的营销策略正好迎合了一群庞大的、特殊的受众群体，并使该群体的成员不得不观看其设置的营销广告。分众传媒正是利用了特定群体所在的特殊环境条件才达到了商家想要的效果。这充分表明，在创意时代，媒介只是一种工具，如何为我所用才是关键。忽视媒介，或者不能从媒介中挖掘出独特而新颖的内容无疑是不明智的。创意是广告的灵魂，只有两者紧密结合才能获得很好的收益。

（三）手机报纸与媒介传播

印刷媒介是古老的媒介，印刷媒介统治全球几百年而不衰。但是随着现代通信技术尤其是互联网的飞速发展，人们开始担心传统报纸将逐渐消亡。手机报纸是传统报纸与移动产业相结合的产物，传统报纸在现代的创新物——手机报纸现在已经在很大程度上投入了商业运营。手机报纸的发展具有创新性的意义。有学者认为“正如广播激活了唱片业，电视推动了电影业，手机媒体的出现极有可能会带来一场报业的复兴”。这说明，传统媒体在文化内容形式、体制机制、传播手段方面的创新，将解放和发展文化生产力，实现文化的创新繁荣。

二、文化创意产品与媒介融合的创新传播

随着时代的进步，互联网技术和新媒体技术已经十分成熟，它们已经成为大众生活中的一部分，是现代社会中用来传播文化信息的主要载体，许多新的传播方式，如移动新媒体等传播方式已经相继出现并逐渐成为主流的传播方式与传播工具。这对于传统传播行业产生了巨大的影响，因此，在新媒体背景下，文化创意产品的传播策略、载体以及范围都发生了巨大的变化。

（一）表达形式的融合

以往的那些平面、静止、单向的信息内容因为互联网技术的成熟、多媒体技术的应用开始转向立体化、跨媒体、交互的形式，也正是这种转变将图像、文字、声音等元素从以往不同的表现形式转变为统一的表现形式。文化创意产品涉及的行业越来越多，以往的那些娱乐行业也包括在内，如动漫、影视、游戏等行业。互联网还能够将受众与设计者连接在一起，使他们彼此之间相互沟通，让文化创意产品的设计者能够收到受众对于图像、文字、声音等文化创意产品内容表现的真实的反馈，以此来确认受众的真实需求。

（二）创造主体的变化

互联网平台独有的平等性与自由性让每个使用网络的人都能够成为内容的创造者，而出版的效率也因为自主出版系统和按需印刷等技术的日益成熟变得越来越高。在现代社会，传媒、出版、信息技术因为数字内容的融合而变得相互作用，却又彼此竞争，也因此改变了“出版主体”这一个区分行业资质的传统。此外，互联网技术的成熟还为大规模协作创造出了可能性，也彻底颠覆了以个体或团队创造为主的传统内容创造方式。

第三节 文化创意产品的影视媒介传播

一、影视文化创意产业的基本内涵

影视文化创意产业包括了电影行业、电视行业、广播行业、网络行业、计算机视频行业、观光旅游行业等许多行业，并且与音乐行业、出版行业、服装行业、电子行业有着紧密的联系。因此，影视文化创意产业在文化创意产业中是核心产业，处于龙头的位置，同时其也是文化创意产业之中最复杂、最活跃的产业。

（一）创意

影视文化创意产业中最关键的就是创意，如果创意不足以支撑产品，那么影视文化创意产业就是无本之木。创意是一个概念，它本身具备了广泛的应用性、不确定性、多意义性以及矛盾性，在现在社会中的每个行业、每个领域之中，那些具备原创性、特殊性的理念和技能都可以被称为创意。

1. 从创意的定义来看

在英文中有两个相关词语，一是 originality，意为创造力、独创性、原创、创见、创举或者奇特，强调原创的一面；二是 idea，意为点子、主意、方法，既有原创也有创新。总之，一般认为，创意是人类创造性思维的产物，是一种奇妙的灵感与思维过程的结果，是人类智慧的高级体现。

2. 从创意的产生来看

很多创意的产生都是个人的突发奇想或者一瞬间的灵感，因此大多数的创意十分个人化、感性化、奇妙化，具备明显的独特性，并不适合进行大范围的推广；并且创意者受到社会、文化、政治等因素影响较大，不具备普遍性。影视文化创意的重点在于对创意的表达过程，如各种风格的影视剧。表达影视文化创意的关键就是要将创意者的理想、观念、灵感、情感以及人为的表达符号整合为一个具有创造性的活动，特别是电影这种将图像、声音与文字融合在一起的综合性艺术。在影视文化创意中将各个元素融合的过程是难以用语言描绘的，这与创意者的原创能力有关。

3. 从创意的生产来看

创意经常会被用来对那些有着显著个人风格、突然性想法或灵感的表达进行诠释，人类无意间的灵感是一瞬间的、无迹可寻的、神秘的，是一种与生俱来的天赋，因此创意是人类独有的特性。伴随着社会的发展，工业化社会已经进入后期，社会的合作与分工越来越细致，创意的个人化与神秘性所受到的重视越来越少，人们已开始重视社会分工与协作的复杂性。在影视文化创意产业发展的早期，创作者与导演的创意和个人化风格起着决定性的作用，但是伴随着影视文化创意产业发展的成熟，影视文化创意产业的生产方式发生了巨大的改变，开始由个人生产方式变成集体智慧的集合。

（二）艺术

人类从古至今创造出了许多的艺术形式，如音乐、舞蹈、文学、美术、建筑、影视等。影视文化创意产业的艺术文化、大众传媒文化在娱乐休闲文化之中占据着龙头的位置。在文化创意语境之下，影视文化创意产业的艺术与以下两个方面有关。

1. 影视文化创意的生产力问题

当涉及影视文化创意的生产力这个问题时，我们需要考虑到人的想象力和情感两方面因素，因为任何影视文化创意产品都是以人丰富的想象力与多层次的复杂情感为基础进行创作的，但是也会有呈现出的内容并非创作者所想的遗憾，关于这点不仅与创作者的创作经验、创作方式等方面有关，还与创作者对技术的掌握和运用有关系。再深入一些，创作者的思想、情感、理念、艺术内涵和创作技能对影视文化创意的生产力有直接的影响，这个创作者所拥有的元素又与社会背景和时代背景有关。

2. 影视文化创意产品的影响力问题

影视文化创意产品并不只是一个艺术品，对于市场和受众而言它更是消费品和娱乐品。因此，从这个层面上来说，影视文化创意产品并不是单纯的艺术品，不是全部具有高深的艺术内涵，而是应该具有广阔的影响范围、积极正确的影响力，它是一种既能够“高大上”又能够“接地气”的，融合了艺术品、消费品与娱乐产品的混合体。因此，影视文化创意产品具备了真实性、幻想性、具象性相互交叉的特点。影视文化创意产品是一个艺术、商业、个人化、大众化交融之后的复杂产物，是一种复合性文化。所以，影视文化创意产品具有艺术性、教化性、娱乐性、商业性等多重属性，其对社会影响的双面性也是极为明显的，既有正面的、积极的、健康的和富有建设性的一面，又有负面的、消极的、不良的和具有破坏性的一面。

二、影视文化创意产品的特点和影视文化创意产业的地位

无论是从文化发展层面还是从国家发展战略层面来看，发展影视文化创意产业都已作为一个重要的任务被提上日程。当前，中国影视文化创意产业发展正经历着种种挑战，但也面临着种种机遇，包括来自体制层面、产业层面、社会层面等方面的机遇，党和国家下大力气建设国家文化软实力就是机遇之一。发展影视文化创意产业，一方面是国家文化软实力提高的必由之路；另一方面是推动我国文化创意产业大发展、大繁荣的必然要求。

（一）文化软实力及其重要性

“软实力”的概念是由美国哈佛大学教授约瑟夫·奈提出来的。文化软实力在现代已经成为社会发展的精神动力、思想保证与智力基础，是民族凝聚力和创造力的基础，也是各个国家提升自身实力的关键要素。我国的文化软实力提升是实现中华民族伟大复兴的关键，实现中华民族的伟大复兴必然伴随中华文化的繁荣兴盛，而繁荣兴盛中华文化，必然以提升我国文化软实力为根本途

径。近年来，我国文化软实力建设取得了长足的进步，主要表现在：文化体制改革长足进步，文化产业迅速发展，传统文化得到发扬，对外文化传播成效显著，区域文化软实力显著增强。但是，与我国跃居世界第二的国内生产总值，位居世界第一的外汇储备，稳居世界前列的军事力量等“硬实力”相比，差距还十分明显，与西方发达国家相比，也存在巨大差距。例如，中国的文化产业在世界文化市场中所占比例较低，只有 4%，仅为美国的约 1/10。有数据表明，目前美欧占据世界文化市场总额的 76.5%，在亚洲与南太平洋国家 19% 的份额中，日本和韩国各占 10% 和 3.5%。美国文化产业所创造的价值已超过了其重工业和轻工业生产的总值。

（二）影视文化创意产品的基本特点

影视文化创意属于文化创意的一部分，这体现在，这种创意生产的是影视文化创意产品，传播了一定的社会文化价值，会对整个社会的精神文化状况产生影响，因此，影视文化创意产品属于文化创意产品的范畴。影视文化创意在整个文化创意之中，又具有一定的特殊性。我们从影视文化创意与文化创意的关系探讨中，来归纳影视文化创意产品的基本特点。

我们可以从影视文化创意产品的载体，即影视文化创意产品在文化创意活动中的特殊性来考察影视文化创意产品。影视这种业态，在文化创意中具有如下特点。

1. 便利的复制性

影视文化创意生产的是精神性的影视文化创意产品，它相较其他文化创意产品，如报纸、杂志等，更容易被复制。从复制时间的角度上讲，影视文化创意产品的复制瞬间就能完成。随着科技的发展，尤其是数字技术的应用，影视文化创意产品的复制显得更加轻松、简单、快捷，如现在广泛使用的电影数字拷贝，摆脱了以前胶片拷贝的烦琐流程，实现了在同一时间全球不同地区的同步首映。此外，从复制空间的角度上讲，影视文化创意产品复制的成本相对较低。不同于多数有形的文化创意产品，影视文化创意产品在一定程度上可被无限复制，而且不占用太多的空间，尤其是现在云计算技术的应用，使影视文化创意产品的存储空间越来越大。

2. 较高的艺术性

影视文化创意产品具有视听兼备、及时鲜活等特征，对受众具有强烈的艺术感染力。影视文化创意产品的艺术性来自影视文化创意产品所塑造的艺术形象，它寄托了创作者真挚的情感、崇高的审美，蕴含了创作者对社会、生活、人生、世界的思考和体会。观众之所以对影视文化创意产品所创造的世界有所感悟，甚至是感动，更有甚者是感同身受，就是因为观众在影视文化创意产品的艺术世界中找到了共鸣。影视艺术作为人类较为年轻的艺术形式，除了具有一切艺术所共有的特性之外，还具有自己独特的个性，如独特的视听综合特性、强大的艺术整合能力。其综合性可以通过一部影视作品涵盖目前人类所有的艺术形式，如一部电影，可涉及文学、美术、音乐、摄影、建筑、绘画等多种艺术形式，是名副其实的综合性艺术。

3. 广泛的社会影响力

影视文化创意产品是一种大众传播的文化创意产品，拥有一般文化创意产品所难以企及的受众范围及消费人群，它蕴含着强烈的文化传播力量，会对社会产生广泛的影响。一部影视文化创意产品经过迅速传播，可能演变为一种文化现象，成为一个社会热点，带动一股社会潮流。

（三）影视文化创意产业在文化创意产业中处于龙头地位

关于影视文化创意产业在文化创意产业中的地位问题，我们能够在产业论方面，也就是影视文化创意产业对于整个文化创意产业的重要性方面来进行解答。在整个文化创意产业之中，如果根据国家单位进行划分，可以分为国家统计局、广播电视总局等政府单位，这种划分方式可以分为三个层面。第一，文化产业的核心层，在这个层面中有广播电视电影服务、新闻服务、出版和版权服务、文化艺术服务等，可以看出该层面都是以开发文化内容为重点的；第二，文化产业的外层，该层面包括网络文化服务、文化休闲娱乐服务、其他文化服务，该层面以提供文化服务为重点；第三，文化相关层面，该层面包括文化用品、设备以及与产品相关的生产与销售活动，该层面以制造和营销文化创意产品为重点。可以看出，影视文化创意产业直接相关影视文化创意产品，在文化创意产业中居于龙头地位。

第四节　文化创意产品的博物馆媒介传播

一、博物馆文化创意产品的开发缘起及现状

（一）博物馆文化创意产品开发的缘起

博物馆文化创意产品是以博物馆资源本身所蕴含的文化历史意蕴为元素，通过创意设计开发的具文化性与创意性的产品。

1. 博物馆自身发展的需要

现代已经进入新的历史发展阶段，在这个新的时代，博物馆面对的竞争压力日益增加，不仅仅是与其他博物馆之间的竞争压力，更多的是对经费进行争取的压力。随着博物馆数量的增加，越来越多的博物馆选择免费开放，这使博物馆一下得到大众的关注，因此博物馆也多了一层承担社会责任的压力。但是目前大多数博物馆的运营经费并不足以解决它们遇到的问题，这些问题迫使博物馆寻找新的经济来源渠道。因此，文化创意产品的设计与创作就成为解决博物馆遇到的问题的有效方式，并成为促进博物馆创新发展的重要因素。

2. 文化创意产业发展的要求

文化创意产业发展对市场经济发展的推动作用越来越显著，各个国家对于促进文化创意产业的发展也出台了各项政策。为了推动文化创意产业的发展，许多国家对于博物馆的运营也加大了投入力度。我们发现文化创意产品的发展能够帮助博物馆文化创意产业的发展，例如，英国博物馆的文化创意产品在市场上取得成功充分说明了文化创意产业能够在保护知识产权的基础上同时满足创造财富和提升人们的生活质量的目的。在英国博物馆成功的激励下，世界上各个国家、各个地区以积极的态度，争相发掘自身博物馆独特的资源，力求创造更多的经济效益，博物馆文化创意产品的开发不断受到世界各国博物馆的重视。

（二）博物馆文化创意产品开发的现状

1. 相对成熟的国外现状

根据相关资料统计，西方发达国家的博物馆运营在 20 世纪 70 年代就已经进入社会化阶段，在文化创意产品方面已经拥有一套完整的开发体系，特别是

其擅长将社会力量作用于博物馆的文化创意产品设计。此外，发达国家的博物馆一般都在内部建立正式的商店，这个商店的意义就是将与博物馆收藏品有关的文化创意产品或博物馆开发出的文化创意产品进行销售。近些年来，这些商店的面积越来越大，创造的收入也越来越多。

2. 尝试与探索中的国内现状

对于文化创意产品市场而言，博物馆的文化创意产品是非常重要的。这在许多西方发达国家已经有了几十年的运作经验，我国却还处在行业的起步阶段。随着文化创意产业发展的逐渐深入，我国也开始重视博物馆的文化创意产品的开发与设计。随着我国的博物馆文化创意产品种类越来越丰富，大众也开始逐渐关注博物馆的文化创意产品。根据相关的统计数据显示，2014 年北京故宫博物院所开发出的文化创意产品已经达到 6746 种，并且在每年的固定时间举办展览活动，积极地听取大众的建议和想法，进而用来研发具有故宫文化特征和自主知识产权的文化创意产品，并将这些产品形成一个系列。

二、博物馆文化创意产品开发的实现途径

博物馆文化创意产品的开发途径有以下两种：博物馆自行开发、博物馆与其他企业合作开发。

（一）博物馆自行开发

博物馆自行开发文化创意产品指的是博物馆完全自主地对文化创意产品进行研发，从最开始的挖掘资料到后来的选择项目、整理文化内涵，到最后的产品设计都是由博物馆中的专家以及设计师来进行创作的。这种开发模式是最能够将博物馆藏品的文化价值以及博物馆的理念体现出来的模式。博物馆的文化创意产品与市场中的普通产品有很大的区别，因为文化创意市场的变化性与文化创意产品的创作核心变化性，每一个被研发出的新产品都有可能不被市场和大众认可，新的文化创意产品的开发还会对博物馆的盈利和营销策略产生影响。因此，我们对于博物馆自行开发的模式和流程需要进行更多的研究与优化。

（二）博物馆与其他企业合作开发

由于博物馆内部的专家、设计人员和技术人员在创作一些文化创意产品时会出现能力不足的情况，因此博物馆选择了与其他企业进行共同创作的新路径。博物馆与其他企业合作开发指的是博物馆与企业或其他设计团队进行合作之后，凭借已经成功的品牌效应相互作用，给予大众和市场更强的品牌信赖感，

同时还能够帮助品牌扩大目标受众群体，让企业的品牌与博物馆文化创意产品能够同时获得盈利，并且提升自身在市场中的价值。在一般情况下，博物馆在选择合作的对象时会优先选择能够进行国际营销的企业或制造商。博物馆授权合作开发通常分为几种形式：文化创意产品的设计授权、文化创意产品的制作授权、文化创意产品的图像授权、文化创意产品的出版物授权、文化创意产品系列的品牌授权。

第五节　文化创意产品的纸媒介传播

一、纸媒的创意设计

作为文化创意产业的一个重要载体和形式，纸媒也面临着难得的历史发展机遇。

传统纸媒指的是报纸、杂志等载体为纸张的媒体。但是，随着社会的发展、科技的进步以及互联网产业的飞速发展，电子门户和电子平台已经在人们的生活中十分常见，这种电子网络信息的快速流通性使大众可以在最短的时间之内获取最新的信息，这种信息快速的传播特性对于传统的纸媒行业产生了巨大的冲击。因此，纸媒在此情况下要想继续发展就需要转型，不断寻求突破。

（一）创意设计是纸媒变革的时代要求

创意设计指的是将设计师或设计团队对产品的规划、计划以及想法进行不断深入与拓展，再使用各种视觉形式将其表现出来的活动过程。其中，创意是灵魂，设计是目的。创意设计包括工业设计、建筑设计、包装设计、平面设计、服装设计等许多方面。创意设计除了具备了初级设计和次级设计的因素外，还需要加入与众不同的设计理念——创意。

（二）纸媒传统理念与现代思维的冲突与调和

纸媒之所以有如今的低迷态势，网络媒体的崛起是一部分的因素，其自身的发展也是一部分因素。一些出版物过于重视文字内容，而忽视了受众的审美需求。在 19 世纪末期，欧洲的一些作家就在是否要在文学作品中插入一些图画和装帧的设计上进行过讨论，一些作家认为装饰是多余的，而另一些作家则认为装饰是必需品。前者认为文学作品就是作家与读者的交流，不需要在其中插入设计师干扰二者的交流，而后者则认为美观的装饰能够帮助文学作品进行更好的内容表达，是对文学作品内容的强化。这个讨论的出现源于装饰对于出版物的从属属性。出版物是由作者与设计师在同一本纸媒上进行演绎的，作者在这里仿佛在创造属于自己的世界，他们能够随意发挥，但是设计师就需要尊重作者的设定。久而久之，相当一部分刊物形成了自己的一套以文为本的传统办刊设计理念，装帧设计越来越脱离其对纸媒主体的从属性，逐渐被边缘化。

（三）纸媒版式设计要敢于打破传统束缚

出版物的版式设计是一个系统而完整的过程，它不仅包括封面设计，还包括文字版面内的图片设计、插图设计、文字标题设计、文字的结构设计以及出版物颜色设计等。

出版物的版式设计目的是传递给受众信息，那么设计师需要怎样设计才能够用更加合理、科学、吸引人的视觉形式来整合、传递信息呢？这就需要设计师在设计的过程中思考许多复杂的元素，从而找到视觉形式和出版内容的平衡点。中国近代学者王国维曾说：“一切之美，皆形式之美也，就美之自身言之，则一切优美皆存于形式之对称变化及调和。”

二、图书出版的文化创意思路

图书出版的文化创意是与市场经济密切相关的，图书出版需要在市场经济的背景下遵守诸多市场规则。但是市场经济是不确定的、多变的、优胜劣汰的，这就需要图书出版的文化创意本身能够不断创新。

图书出版的文化创意需要具备政治的敏锐性，必须要符合国家制定的法律法规。图书出版的文化创意不能为了追求新奇而触犯国家所制定的法律法规。正所谓“无规矩不成方圆”。图书出版的文化创意需要时刻谨记遵守国家的法律法规，否则再好的文化创意也会变得毫无意义。

图书出版的文化创意需要具备娱乐性。图书出版的目的是传递知识与信息，图书是传播思想的载体，图书的内容需要具备积极向上的精神和带有一定的教育意义。图书的内容表现形式需要图文结合，文字要通俗易懂，还需要具备一定的抽象意义，图片需要将文字形象化地呈现出来。文字与图画的结合使图书出版更具娱乐性，活跃了人民群众的精神文化生活。

图书出版的文化创意需要有典籍性。广播电视传递的信息是瞬间的，稍纵即逝。报纸杂志所传递的信息也是不能持久的，只有书籍能够留名千古，广泛流传，永久收藏。书籍虽然是最简单的获取知识的途径，却是最普遍的，通过书籍获取知识不需要借助其他手段。

第六节　文化创意产品的网络媒介传播

一、互联网思维下的文化创意营销

现如今，人们所生活的时代已经进入互联网时代，这是一个崭新的时代。在这个时代中，科技飞速发展，无数的高科技产品和新技术涌现，将人们以往的生活方式与思想观念逐一打破，涌现出的新技术会很快渗透到人们的生活之中，成为人们工作、生活中重要的一部分。

信息的传播与文化创意营销在时代的影响下也处于变革的关键时期，身处在这个时代中的人们也成为这场新媒体变革的参与者与见证者，文化创意营销在互联网的背景下快速更新、发展并展现出其特有的魅力。

（一）信息变革时代的受众环境

在当前的世界中，一些研究媒介的学者对于科学技术的发展速度发出了由衷的感叹，而中国在媒介方面也有自己独特的发展方式。在中国，随着智能手机的普及，移动媒介已经成为人们最佳的工具，中国的电商行业也在互联网的基础上发展出电商金融的概念，对传统的银行业产生了一定的影响。在文化娱乐方面，许多草根艺人火爆网络，成为人们在短时间内的谈资。

如今我们已经进入信息的时代，文化创意产业所面对的不再是接受传统媒介传播方式的人们，而是成长在互联网时代的新一代，这些在互联网中成长的一代人大多为“90后”和“95”后，这代人是当前消费的中坚力量。伴随着无线互联网技术、智能手机技术的不断发展与普及，移动端的传播业务已经出现了激烈竞争的情况。受众群体的变化代表着消费方式也在发生变化，因此信息传播方式也需要随之变化。

（二）互联网思维下的文化营销

如今人们可以从互联网世界中的文化营销实践来管窥社会与时代发生的变化。现代的市场营销在互联网思维的影响下已经不再同工业革命时期的社会变革一样，每一步都要遵循机器的使用步骤，而是呈现出迅速发展的状态。如在互联网思维的影响下，餐饮行业、出租车行业、唱片行业已经发生了巨大的变化，影视行业、旅游行业、教育行业等也在互联网思维的影响下正在发生变化。

1. 把营销变为造梦——创造梦想

在2014年，北京大学制作了全新的宣传片《星空日记》，本宣传片内容是一个名叫何晓东的学生的励志故事，何晓东在片中调侃自己为时代的屌丝，但却有一个手摘星辰的梦想。他的主修专业是经济学，但是为了自己的梦想选择了天文学为辅修专业，并且在毕业时制作出了一个优秀的毕业设计作品。该宣传片在播放之后引起了人们的共鸣，许多人纷纷转载到朋友圈，激励了许多追逐梦想的人。

我们仔细分析《星空日记》能够发现这个宣传片所呈现的变化。首先，传播渠道发生了变化，大学制作的宣传片不再只是放在电视台或者自己的官方网站上进行播放，而是选择发布在互联网上，微博、微信朋友圈中，让看到宣传片的人都能够进行分享；其次，话语的方式发生了变化，以往的大学宣传片的内容多为学校领导或者国家领导人进行非常正式、官方的陈述，宣传片的风格多为大气宏伟，严肃郑重，这使很多观看的学生产生了距离感，对宣传片的内容也不会仔细观看，但是《星空日记》中的内容是一个普通人的故事，对以往的宣传片进行了彻底的颠覆，完全改变了原本宣传片的话语体系；再次，传播角度发生了变化，以往大学所制作的宣传片都是高大上的，对于大众而言，影片之中所呈现出的高高在上的宣传片风格并不能引起共鸣，大众只是单纯地接收信息，领导在片中宣传学校的信息，就像在会议上演讲一样，而《星空日记》一改以往的形式，将内容以电影的形式呈现出来，向观众讲述一个故事，观众通过宣传片不仅能够获取学校的信息，还能够被故事所激励；最后，北京大学的营销传播方式发生了变化，这一变化是使营销推广回到了互联网思维——创造梦想与价值上，而这种思想恰恰是大众的真正需求，也是教育的本真需求。

2. 把产品变成感情——创造情感

消费者在观看影片时，对于在影片中所插入的广告最容易引起反感，哪怕是一些植入广告，有些观众也十分反感，因此广告仿佛成为观众最讨厌的事物之一，似乎都会引起人们的反感。但是如果将广告变成另一种形式传递给观众呢？将广告的内容以一种情感共鸣的方式传递给观众，使观众在看广告时得到愉悦的享受，此时，广告中所推广的产品就具备了人格化的情感魅力。如苹果手机的广告，将苹果手机描述为一个具有多种功能，用户可以享受其智能服务的“魔术产品”，还带有创新智慧、应对挑战的魅力。

20世纪原创媒介理论家麦克卢汉曾说过“媒介即信息”，在大数据思维的互联网世界中，内容就是信息，要想使这些信息被受众所接受，就需要将受众内心深处的情感释放出来，将产品变成具备人格魅力的情感。将广告变成电影一直是每个与互联网有关的企业的目标，随着科学技术的发展，现在微电影制作已经成熟，各个企业开始将广告制作成微电影，如益达口香糖将广告制作成了一个系列的微电影，在广告中彭于晏和桂纶镁之间的情感都汇聚在两片益达口香糖之中，受众在记住了两个人之间的故事的时候，也记住了益达口香糖。

二、“互联网+”背景下中国文化创意产品的传播

我国实施的文化“走出去”的战略让自身在国际上的地位和竞争力不断提高。从我国文化创意产品的进出口贸易来看，我们能够发现由于我国的进出口贸易额不断提升，我国国内的文化创意产品供给、创新、销售等市场活动也随之得到了飞速的发展。但是由于我国的文化创意产品出口在长期以来一直远远大于文化创意服务，导致我国在对外输出电影、书籍、电视剧等具有文化影响力的产品时会在“走出去”的环节被形容成“逆差”。对我国的文化创意产品的贸易逆差现象进行深入研究能够有效推动我国“走出去”战略的发展。

（一）中国文化创意产品“走出去”的价值链转移

随着全球化的深入发展，目前国际上的文化贸易已经不再是货币贸易，而是转变成服务贸易，而服务贸易又可以发展成为投资贸易、技术贸易、合作研发、信息共享等。因此，一个国家的对外贸易已经由简单的文化创意产品贸易转变成以创意全球化、生产全球化、金融全球化、营销全球化为基础的在文化创意产品内进行分工的全球价值链。文化创意产品“走出去”意味着参与全球价值链分工或者建构自己主导的全球价值链。我国的文化创意产品要想真正实现“走出去”就需要融合多元文化，引领全球主流文化。因此，我国的文化创意产品开发需要能够对世界上的多元文化进行整理和重组，找到一条能够提升全球价值链的道路，建构自己的全球价值链。显而易见，“互联网+”给我们提供了这样一个重大契机。

互联网在全球化深入发展的现在已经成为一种大众生活中不可缺少的部分，它能够直接对大众文化产生巨大的影响。在网络连接速度方面，2015年第一季度，全球平均连接速度首次达到了5Mbps，相比2014年第四季度增长了10%，一些国家包括爱尔兰（17.4Mbps）、瑞典（15.8Mbps）和荷兰（15.3Mbps）更是超过了15Mbps。在数据方面，根据互联网数据中心报告显示，全球的数据量以每年58%的速度增长，未来这个速度会更快。

我国的互联网在飞速发展的过程中也推动者市场经济结构的改变。互联网渗透在大众生活中的每个角落，对大众的生活方式产生着潜移默化的影响，从最开始的信息获取和娱乐需求的个性化应用发展成为在各个领域中都需要的重要元素。因此，文化创意产业的体制改革也进入一个关键的时期，依靠传统的方式已经很难对经济增长产生质的改变，所以互联网是我国能够在国际市场中保持核心竞争力的关键所在。

（二）中国文化创意产品“走出去”的全球价值链策略

1. 强化基于大数据的人工智能创意，增加场景、关系等社会要素

文化创意产品是无法只在某一个地区或者在某一个生产环节上直接取得效果的，这需要企业在多个国家或者地区进行二次创意和二次加工，创造出一个以消费者为动力的创意体系。

伴随着大数据应用的成熟，新的生产模式是以数据作为内驱力的，文化创意体系在不同的地区和不同的环节会有不同的形态。在以往的传统生产模式中，创意所带来的灵感会转换成产品，也就是文化创意产品的创作环节，之后再由企业进行深入开发、包装、营销等一系列的行为将文化创意产品转变为大众文化创意产品，这是文化创意形成品牌的环节，然后文化创意产品通过各种媒介向社会和大众进行传播，这是文化创意产品的传播环节，之后便是市场交易行为的发生，最后是消费者将使用感受反馈给企业。通过大数据技术，上述的整体流程发生了颠倒，“消费引导生产，意义领先价值”使受众在还没有对产品产生需求时，大数据就能够凭借其对市场、受众的分析与深入挖掘，洞察到适合受众的服务并推送给受众。如果我们将网络社会比作对人类现实社会的模拟，那么大数据就是将人类的潜意识世界构建出来。大数据对受众进行及时的分析、挖掘、整理之后可以进行价值的交换和文化创意产品的生产，受众作为内驱力推动着整个大数据系统的运行。这个系统可以是区域价值网，也可以是全球价值网。

2. 建构价值链战略环节，逐步实现大数据运营与管理

文化创意产品的生产模式已经发生了变化，由“需要—实体—价值”变成了“意义—价值—实体”，创意流所发生的变化与不同的环境和不同的环节有直接的关系，从而增加了价值链的价值。价值链的增值发生在哪个环节主要是受到企业的产品和创意能力的影响。全球价值链现在已经步入将重点放在服务上的环节，如国际商业机器公司（IBM）将产业转型成为网络服务业，谷歌公

司也是靠数据服务取得如今的成绩的，阿里巴巴集团也是一个为受众提供综合性服务的平台。

无论是文化创意产品还是服务，在“互联网 +”的背景下都会发生市场供需关系的转变。传统的市场资源的配置是依靠市场的价值规律进行的，涉及具体的资源流动就无法精准地显示出来，但是在“互联网 +”背景下，依靠大数据的分析与演算，能够对市场中的个性供需的关系、宏观发展的趋势进行计算，因此，如何进行数据分析，通过技术手段低成本地实现信息和个性化定制需求的智能化匹配，是文化创意企业市场战略的重要构成部分。

第七章　新媒体背景下文化创意产业的发展路径

全球化的飞速发展使人们进入新媒体时代，文化创意产业也随着社会的发展产生了新的变化。本章对新媒体背景下文化创意产业的发展、新媒体形式在文化创意产品中的应用方法以及新媒体背景下文化创意产品的传播——以故宫博物院文化创意产品为例等方面进行分析。

第一节　新媒体背景下文化创意产业的发展

一、新媒体艺术与文化创意产业的融合互动

（一）新媒体艺术与文化创意产业的有机融合

1. 新媒体艺术与文化创意产业有机融合的具体领域

在进行文化创意产业的划分过程中，能够与新媒体艺术相融合的产业有：文化信息传输业、文化艺术服务业、广播电视电影服务业、工艺美术品生产业、文化创意及设计业、新闻出版发行业、文化休闲娱乐业七个行业。新媒体艺术所具备的渗透力非常强，能够影响各个行业并作用在每个环节之中。无论是文化内容的创作还是文化创意的传播都受到新媒体艺术的影响。

2. 新媒体艺术赋予文化创意产业的新特性

完成作品表现的关键就在于抓住描述对象关键点。这不是说只对对象的关键点进行简单的思考，而是要对对象进行综合的思考，再根据作品需求提取要素。在设计作品的时候就要考虑到底是要使用对象的个性还是共性，是使用对

象的广泛性还是使用对象的独特性。

假如作品呈现的重点在于个别案例，就不要对大数据进行处理和筛选，只需要找出那些符合设计要求的个别案例即可；如果作品呈现的重点在于共性、趋势以及通性，就需要整合、处理大数据。

（二）新媒体艺术与文化创意产业融合互动的意义

1. 振兴文化创意产业，提升文化创意产品的附加值

第一，新媒体艺术的特点是自由性、开放性、复制性以及低成本。它可以以不同受众的爱好和心理需求为基础进行文化创意设计。这种文化创意设计在知识产权保护的基础上，可以非常好地解决传统文化创意产业风险大、成本高的问题，运用高科技技术来实现对于文化创意产品的使用。

第二，新媒体艺术中的数字化保存和虚拟现实功能，可以很好地保护物质文化遗产与非物质文化遗产，最终保证中华民族的文化能够不断地传承下去。

第三，新媒体艺术能够提升艺术品的价值，可以将产品中的价值转化到新媒体艺术所产生的更高的价值中，提升产品的附加价值，最终对经济的发展产生推动的作用。

2. 实现对文化创意产业美学经济和体验的应用

在文化创意产业之中，要想实现“体验经济”就要采用新媒体艺术作为载体。“体验经济”是在农业经济、工业经济、服务业经济之后出现的又一种经济形式。体验是指企业将服务作为产品，将商品作为工具，将消费者作为中心，为消费者创造良好的消费体验。我们都知道，对于消费者而言，商品和服务是一种外在形式，而自己的体验是一种非常主观的存在，这种存在是一种内在形式，是受到每个人的情感、思想、身体感受所影响的。因此，世界上不会出现个人体验完全一样的情况，这是由于体验是每个人的感觉，具有独特性。

二、新媒体背景下我国文化创意产业发展的机遇及对策

时至今日，人类已经进入信息时代，在这个时代中文化创意产业的发展呈现出强烈的外扩趋势。在通常情况下，文化创意产业主要是发掘、整合、应用文化资源，再经过设计师的创新思维将创造性与产品进行组合，创造出经济价值。文化创意思维涵盖的行业范围十分广泛，如出版、广告、设计、影视、音乐、策划、艺术等行业。与传统的工业、农业、服务业相比，文化创意产业具备高科技性、独特性、辐射性以及高附加价值。

（一）新媒体背景下文化创意产业发展的机遇

伴随着科技的发展，互联网技术也在飞速发展，新媒体这个新式的传播形式依托于互联网而产生。现在，新媒体不仅是一种信息传播的载体，还是一个网络工具和应用模式。大体而言，新媒体可以分为以下三种。第一，博客。博客的全称是“Weblog”，我国将其音译为“博客”，其含义是网上日志，主要是个人用来记录自己生活、情感以及思想的。第二，即时通信工具。我国具有代表性的工具有腾讯公司开发的QQ、微信，这种工具最显著的特点就是即时性通信、强大的互动性以及较短的传播周期。第三，流媒体。流媒体主要是以网络中能够进行传输的音频、视频数据流为主，主要的作用是视频直播、视频会议、网络教学等。目前，我国的新媒体依托于互联网的普遍性已经融入大众生活的各个角落，这也为文化创意产业的发展提供了新的契机。

（二）新媒体背景下文化创意产业发展的对策

1. 提升创意的自觉与自信

中国共产党十八大提出了文化大发展、大繁荣的问题，党认为文化创意产业需要具备高强度的文化自觉性，并且要能够传承和发展中国的文化基因，要更加深入地将中华民族自身的文化和精神激发出来，在“走出去、请进来”的文化战略部署中将中华民族的自信与自强体现出来，让中华民族的优秀文化成为文化创意中的重要元素。

2. 着力开展“互联网 + 实践”

当今时代是一个以互联网为基础的新媒体产业高速发展的时代，文化创意产业也是一个正处在上升期的朝阳行业，要想其发展迅速，就需要将文化创意产业和“互联网 +”进行深入结合。比如，文化创意产业需要将自身所在的产业发展链相互融合，与互联网企业进行相互合作，将新媒体在传播与营销中的优势发挥出来，借鉴互联网在创意设计定位、受众人群定位、市场营销传播、相关产品传播、建立客户关系等方面的成功经验，运用互联网所具备的强大的聚合传播功能、社交媒体功能以及社会关系网络建立功能对存在的问题进行优化，还可以运用大数据进行准确分析，时刻监测市场与受众的变化。

3. 加大文化创意产业人才培养力度

加大文化创意产业人才的培养力度能够改善我国目前文化创意产业人才匮乏的现状。在培养文化创意产业人才方面，许多高校都出现了趋同化的现象，高校的培养模式、培养定位的本质基本相同，文化创意产业人才的培养出现了低层次、高负担的情况。因此，我国需要以文化创意产业人才培养问题与市场需求相结合为基础，对已经存在的高等教育资源加以充分利用，在人才培养、校企合作、行业理论研究、专业设置提高等方面进行文化创意产业人才培养和文化创意产业发展的战略对接。国家应该支持文化创意产业人才培养的相关工作，培养出能够适应现代化文化创意产业结构的人才。

第二节　新媒体形式在文化创意产品中的应用方法

一、产品媒体化概念方法

产品媒体化指的就是如同设计媒体一样去对产品进行设计。最近开始兴起的自媒体就是新媒体中一个非常好的代表形式。在一般情况下，人们所常用的自媒体平台包括微博、微信公众号，抖音等短视频平台以及各大直播平台。自媒体也可以成为“个人媒体”，它将重点放在了普通人身上，打破了以往官方媒体所产生的“以点到面”的传播方式，转变成由“个人到个人”的传播方式，这种传播方式也十分契合产品到消费者，也就是文化创意产品到消费者之间的关系模式。

二、媒体产品化概念方法

媒体产品化从一个与产品媒体化相反的角度对媒体与产品的关系进行了讨论。人们普遍认为媒体是一种用来进行信息传播的媒介，它是公共的和开放的，对于产品的认知则是一种专门设计出来满足大众某种需求的物品或者服务。因此从两者的概念进行理解就能够发现两者存在明显的差异。媒体产品化指的是将媒体像设计产品一样进行开发，在开发的过程中要始终以满足受众需求为目的，进行有针对性的开发，同时还需要考虑到如何利用媒体的可持续性，持续地吸引受众的关注。因为文化创意产品与传统的文化用品和纪念品并不相同，它是一个在新时代以创意为核心的产物，所以将文化创意产业与新媒体进行有机结合是十分有利于文化创意产品的营销和发展的。

三、新媒体形式与文化创意产品的融合方法

随着社会的发展，人们已经进入工业社会的后期，工业化发展已经十分成

熟，这使如今的产品生产基本上是批量的机器制造。工业化的产品制造方式在为人们带来高效率与便利的同时也让人们失去了手工制作器物的乐趣与情怀。如今，人们的物质生活已经得到了极大满足，开始追求自己动手制作器物，纯手工制作成为许多行业所追求的热点。就像乐高积木，正是因为需要人们动手进行一点点的搭建，需要非常强的动手能力，才会受到全世界人们的喜爱。另外，最近逐渐流行起来的宜家家居也是这个道理，宜家家居中的产品大多需要消费者自己进行安装才能够成为成品。人们动手制作出来的器物能够使自己的内心得到极大满足，因此现在越来越多的消费者选择自己动手制作（DIY）式的产品，这也是含有 DIY 元素的文化创意产品越来越受到欢迎的原因。企业在文化创意产品之中不仅可以加入让消费者亲自动手的元素，还可以加入一些增加难度和乐趣的新媒体元素，这样让文化创意产品带入新媒体形式与玩法，可以极大地提升文化创意产品的体验感。

第三节　新媒体背景下文化创意产品的传播——以故宫博物院文化创意产品为例

一、故宫博物院文化创意产品在新媒体时代的传播

在如今这个新媒体兴起的时代，无论是微博、微信还是电子商务平台等传播形式都在市场之中不断涌现，消费者想要购物、查询信息、发布信息、相互交流时可以直接通过互联网进行，以互联网为依托的一个庞大的数字生活空间便形成了。

在这个空间之中，企业的任何销售活动和营销行为都可以直接呈现在消费者的眼前，每个消费者都可以将自己对于企业和产品的想法发布出来，营销传播的形式也变成了现如今火热的“直播”形式。此外，每一分一秒都会在数字生活空间之内产生几何数倍增的信息数据，企业要想在其中脱颖而出就需要自己的产品具有足够的创意去吸引消费者的注意力。信息爆炸的时代特点迫使企业必须随时处理海量的信息，还要求企业在第一时间就发现产品或自身存在的缺陷和危机并及时地进行处理，与此同时企业还要注意发掘潜在的机会，传播企业和产品的实时动态。所以，企业的传播已经成为一项必备的日常工作，而

不能如以前那样没有规律地进行。面对如此海量的数据和传播工作，企业应给予传播工作战略级别的重视，将传播工作提高到传播管理的层面上来，对已经存在的管理架构进行改良，将传播部门独立出来进行运营。

（一）故宫博物院文化创意产品的传播内容

文化创意产品简单而言就是对文化进行再创造和再加工，将设计师想要表达出的文化元素或是历史元素以器物的形式呈现出来。北京故宫博物院的文化创意产品之所以风靡，其根本原因就在于故宫博物院所开发的产品具备优秀的创意，可以将消费者的注意力吸引过来。所以，故宫博物院的文化创意产品在市场营销和传播方面有着先天的优势。我们在对北京故宫博物院所开发的文化创意产品进行分析研究之后，根据形态将其划分成两种：一是实体文化创意产品；二是虚拟文化创意产品。这两种产品都具备一个公共的特点，那就是创意。

①实体文化创意产品：文化内核与创意外形相结合。

实体文化创意产品主要是用实实在在存在的、有创意外形的产品来承载和传递故宫文化。故宫博物院实体文化创意产品主要有三种：馆藏文物特征的借用和变体、基于文物文化寓意的运用、文化形象卡通化创作。

②虚拟文化创意产品：场景还原与娱乐实用相结合。

故宫博物院虚拟文化创意产品主要是一些依据故宫文化IP，依托新媒体网络平台，用富有创意的科技手段制成的数字产品。这些产品奉行“文化传承，科技支撑”的设计原则，具有更高效的传播力。故宫博物院虚拟文化创意产品分为三类：对馆内文物的历史文化特质进行活化、故宫文化结合大众文化进行再创作、追求实用性的虚拟产品。

（二）故宫博物院文化创意产品的传播方式

故宫博物院文化创意产品的传播方式主要是通过“两微一电”的方式来进行的，即微博、微信和电子商务平台。故宫文化服务中心官方微博“故宫淘宝”集中展示和推广相关文化创意产品；故宫淘宝旗舰店和故宫博物院文化创意旗舰店则突出产品文化类型并进行进一步推广；微信公众号“故宫淘宝”和“微故宫”则实现了文化传播和产品营销的一体化。另外还有官方网站、应用程序等传播渠道进一步巩固了故宫文化创意产品的传播。

二、新媒体时代故宫博物院文化创意产品的传播策略

（一）原生化内容营销的概念

原生化内容营销指的是依托于传播理念和媒介技术的不断发展，营销内容化和内容原生化可以相互融合之后产生一种新型的创意传播策略。营销内容化具体而言指的就是企业在网页或者应用程序之中植入企业的广告，并且要让广告看起来不像广告，让广告趋于一种自然流露出的信息表达。内容原生化具体而言就是，以用户为主导，企业所传播的内容和创意更趋于大众化，并且多在移动端的社交媒体平台进行传播。

（二）故宫文化创意产品原生化内容营销的运用

原生化内容营销正是北京故宫博物院的文化创意产品在进行市场营销传播时所使用的传播策略。第一，我们在对“微故宫”“故宫淘宝”微信公众号以及“故宫淘宝”官方微博进行统计和分析之后可以发现，故宫博物院的文化创意产品在进行营销传播时所使用的文字和图片都偏向于幽默、软萌这种十分受到年轻人喜爱的语言形式。这种语言形式充满了轻松的感觉，整体通俗易懂，趣味十足，并且“故宫淘宝”在推送长文时往往能够实现让“广告看起来不是广告”的效果。第二，在新媒体时代的营销传播核心就是“受众为王”，在这一点上，故宫博物院在开发文化创意产品的时候从来都很重视。从产品的创意设计到文化创意产品的市场营销传播，故宫博物院在市场营销传播的过程中将受众的参与度和价值始终放在很高的优先级上。

三、故宫博物院新媒体营销传播效果

消费者在接收到产品信息或使用产品之后对产品的认识、感受和行为层面的活动被称为营销传播的传播效果。该传播效果的主要特征有两个：一个是消费者以自身的喜好和需求为基础，在对产品信息有过了解之后对产品进行判断，这种特征主要是依靠电商平台的销售数据进行呈现的；另一个是将微博的评论功能开启，让消费者在微博的话题和内容下面进行自由讨论和理性思考，并借此产生新的话题，扩大产品的传播范围。

（一）“故宫淘宝”微博话题互动的用户反馈

微博的出现和风靡使大众进入一个个人入口的时代。每个自由的个体都能够以独立的实体信息突显出自己的身份，并且每个人都可以通过感兴趣的内容

找到一个适合自己的社交群体。并且，微博用户的身份是多元化的，他们不仅是信息的接收者，还是信息的发起者和传播者，有些甚至是媒介文化的生产者。微博用户能够在微博上发表自己的真实感受和对产品的评价，因此，对于微博用户对文化创意产品的评价、感受、关注进行监测能够很好地反映出企业的新媒体传播效果。故宫博物院的微博——“故宫淘宝”，开启了用户的评论功能，时刻关注用户对文化创意产品的设计、质量、功能、审美等方面的感受和评价。这既能够帮助企业更好地接收到用户的感受和反馈，加快对产品的更新和调整传播内容，还能够帮助企业更好地了解用户的需求，对用户及时进行服务，提升用户对企业和产业的好感度。

（二）“故宫淘宝”旗舰店用户购买数据中的行为倾向

文化创意产品营销传播成功的标志就是将受众的关注转化为购买行为。故宫博物院的文化创意产品在其所创建的淘宝网店——“故宫淘宝”中进行销售，因此淘宝网店的数据能够真实地体现出故宫博物院文化创意产品的市场营销传播效果，并且这些数据还能反映出用户的部分行为倾向。故宫文化创意产品的总销售额在 2017 年就达到了惊人的 15 亿元，这对于文化创意产品而言无疑是一个销售奇迹，这也表明了故宫博物院在新媒体时期的营销传播策略是成功的。

参考文献

[1] 洛可可创新设计学院 . 产品设计思维 [M]. 北京：电子工业出版社，2016.

[2] 林艺，刘涛 . 区域文化导论 [M]. 北京：清华大学出版社，2015.

[3] 刘震元 . 产品设计程序与方法 [M]. 北京：中国轻工业出版社，2018.

[4] 吴朋波 . 旅游纪念品设计 [M]. 北京：人民邮电出版社，2014.

[5] 郑建启，李翔 . 设计方法学 [M].2 版 . 北京：清华大学出版社，2012.

[6] 王月辉，杜向荣，冯艳 . 市场营销学 [M]. 北京：北京理工大学出版社，2017.

[7] 高瞩 . 工业产品形态创新设计与评价方法 [M]. 北京：清华大学出版社，2018.

[8] 唐纳德 • A . 诺曼 . 设计心理学 [M]. 梅琼，译 . 北京：中信出版社，2010.

[9] 唐纳德 • A . 诺曼 . 情感化设计 [M]. 付秋芳，程进三，译 . 北京：电子工业出版社，2005.

[10] 曹林娣 . 图说苏州园林：花窗 [M]. 合肥：黄山书社，2010.

[11] 王受之 . 王受之讲述产品的故事 [M]. 北京：中国青年出版社，2005.

[12] 高星 . 中国乡土手工艺 [M]. 西安：陕西师范大学出版社，2004.

[13] 贝拉 • 马丁，布鲁斯 • 汉宁顿 . 通用设计方法 [M]. 初晓华，译 . 北京：中央编译出版社，2013.

[14] 代尔夫特理工大学工业设计工程学院 . 设计方法与策略：代尔夫特设计指南 [M]. 倪裕伟，译 . 武汉：华中科技大学出版社，2014.

[15] 白远，池娟 . 文化创意产业发展比较研究：理论与产品的国际贸易 [M]. 北京：中国金融出版社，2009.

[16] 胡智锋 . 中国影视文化创意产业发展创新研究 [M]. 北京：中国传媒大

学出版社，2014.

[17] 黄言涛，刘红英，屈慧玲 . 绵阳文化创意产品设计与开发策略研究 [J]. 中外企业家，2017（12）：36-38.

[18] 黄言涛 . 学分制条件下产品设计专业指导教师制教学模式实践与分析 [J]. 工业设计，2016（11）：62-65.

[19] 李姣 . “互联网 +” 背景下博物馆文创产品营销创新策略 [J]. 文物世界，2017（2）：64-67.

[20] 何丽花，吴祝红 . “互联网 +” 与文化创意产业融合发展模式研究 [J]. 市场经济与价格，2016（7）：4-7.

[21] 田冰 . 论图书出版的文化创意 [J]. 今日中国论坛，2008（4）：126-128.

[22] 陈俊 . 论纸媒的创意设计 [J]. 新闻前哨，2013（8）：81-83.

[23] 柴小珊 . 新媒体时代文化创意产品传播策略研究 [D]. 西安：陕西师范大学，2019.

[24] 马琳 . 文化创意产业与旅游产业融合发展研究 [D]. 昆明 ：云南财经大学，2014.

[25] 李洋洋 . 我国文化创意产业与旅游业融合模式研究 [D]. 北京：北京第二外国语学院，2010.

[26] 杨蕊伊 .A 博物馆文创产品营销策略研究 [D]. 西安：西北大学，2016.

[27] 胡晏婷 . 新媒体背景下文化创意产品开发的新途径 [D]. 南京：南京艺术学院，2018.